Geschichten und Gedichte

aus der Reihe
„Perlen unserer Erinnerung"

Erinnerst du Dich?

35 Jahre Mauerfall

Carmen Sabernak (Hrsg.)

Bibliografische Information der Deutschen Nationalbibliothek:

Die Deutsche Nationalbibliothek verzeichnet diese Publikation in der Deutschen Nationalbibliografie; detaillierte bibliografische Daten sind im Internet über dnb.d.nb.de abrufbar.

Impressum

2024© Carmen Sabernak, alle Rechte vorbehalten

Verlag: BoD · Books on Demand GmbH, In de Tarpen 42, 22848 Norderstedt

Druck: Libri Plureos GmbH, Friedensallee 273, 22763 Hamburg

Satz und Layout:

Nicole Mewes

Bildnachweise:

© by-studio © sonne fleckl - Fotolia.com

© Carmen Sabernak - Titelfoto, © Hanne Pluns - Zeichnung

© Evelyn Barucker - Pass

ISBN: 978-3-7597-8387-5

Inhalt

Vorwort

Carmen Sabernak hatte die Idee, die Erinnerungen unterschiedlicher Menschen zu sammeln.

Erinnerungen, die wertvoll wie Perlen sind. Sie fragte in der Teltower AWO-Gruppe nach und es fanden sich schnell MitstreiterInnen.

Einmal im Monat trafen sie sich, tauschten Erinnerungen aus, lasen aus ihren Geschichten und verbrachten schöne gemeinsame Stunden. So wurde recht schnell der Entschluss gefasst, diese „Perlen unserer Erinnerungen" in kleinen Büchern aufzubewahren.

Die Geschichten sind so unterschiedlich, wie die Menschen, die sie erlebt haben. Einzelne Geschichten wurden zum Teil schon vor einigen Jahren verfasst. Deshalb finden sich teilweise auch noch Texte in der alten Rechtschreibung. Diese wurden absichtlich nicht angepasst, denn es sind Perlen aus der betreffenden Zeit.

Wir wünschen Ihnen ebenso viel Vergnügen beim Lesen, wie wir Freude hatten, das Buch zu gestalten.

Herzliche Grüße
das AutorInnenteam und die "Geschichtensammlerin" Carmen Sabernak

Schau nach vorn

- inspiriert von Paul Kunze -

Das Rattern der Räder auf den Gleisen,
das Murmeln der Menschen im Wagon,
wo ich rausschau,
abwechselnd Grün und Beton.
Wenn Kohle verbrennt,
wird neuer Antrieb entsteh'n,
schau nach vorn,
denn die Welt wird sich weiterdreh'n.

Jessica Prauß, Januar 2024

November 1989

So wie sich im November ein Jahr dem Ende zuneigt, so neigte sich 1989 viel mehr als das. – „Ein Land, eine Ideologie, eine Macht waren am Ende. Am Ende nach einer friedlichen Revolution. Friedlich – ohne Waffen, so ein riesiges Geschenk von Fügung, Diplomatie und Verhandlungen, welches wir heute, 2023 weltweit schmerzlich vermissen.

Wir denken uns zurück in die Wochen nach dem Mauerfall am 9. November. Reisefreiheit ohne Grenzkontrollen auch auf Autobahnen und Straßen, ganz nach dem Motto „freie Fahrt für freie Bürger". Mein Mann und ich waren dabei. Mit unserem Trabant 601, zweifarbig und 26 PS unter der Motorhaube. Unser Ziel: ein kleiner Ort in der Lüneburger Heide, zu Schwester Gerda (von ihr habe ich in einer anderen Geschichte schon etwas erzählt). Sie hatte uns eingeladen. Wir sollten doch unbedingt kommen, so wie Hunderttausende, die sich in diesen Tagen auf den Weg machten. „Ja, wir kommen".

Der Trabi startklar und wir bereit zu großer Fahrt „nach drüben". Nicht ahnend, was uns auf der Autobahn A2 erwartete. Nie vorher hatte es so etwas gegeben. Die Euphorie und Freude der Menschen auf beiden Seiten, die Begrüßungen und Willkommensgesten waren unbeschreiblich. Dauerstau, bestenfalls im Schritttempo kam man voran und von „freie Fahrt" konnte keine Rede mehr sein. Die Umstände, die zu solchem Verkehrsnotstand geführt hatten, ließen uns durchhalten. Abgesehen davon, dass wir gar keine Wahl hatten, denn es ging weder vorwärts noch rückwärts. Zeitweise herrschte totaler Stillstand in beiden Richtungen. Dann stiegen die Menschen aus ihren Autos aus, die Türen weit geöffnet. Manche hatten wohl ein Radio oder Kassettenrecorder dabei. Musik erklang und die Leute tanzten und sangen. Sogar der Mittelstreifen wurde zum Parkett. Ein Schauspiel, welches man lebenslang nicht vergisst. Keine Polizei, kein Hubschrauber, keine Rettungsgasse - und - nichts ist passiert. Irgendwann setzte sich die Kolonne der Autos, hauptsächlich „Trabanten", wieder in Bewegung. So tuckerten wir von Stunde zu Stunde und nochmals viele Stunden unserem Ziel entgegen. Es war Nacht geworden, als wir nach ca. 15 Stunden bei Schwester Gerda ankamen.

Halberfroren, unterzuckert und einfach fertig und erschöpft, so nahmen wir uns in die Arme. Ein erstes, persönliches Kennenlernen mit Gerda, der Schwester unserer Tante Käthe. Gerda war zu diesem Zeitpunkt schon eine Dame 75 +. Was uns dann in den nächsten Stunden an Fürsorge, Verwöhnung und herzlichem Willkommen zuteilwurde, hat uns sehr berührt. In besonderer Erinnerung ist mir die leckere, selbstgekochte Hühnernudelsuppe, die wir nachts nach 1:00 Uhr mit Genuss und Heißhunger verspeisten. Später wurden wir mit angewärmten Betten und Tee in der Thermosflasche für die Nacht versorgt - wie bei Mutti. Aller Stress war vergessen.

Gerda zeigte uns Neuenkirchen. Den Ort, in den wir so viele Briefe, Karten oder auch kleine Päckchen über Jahrzehnte geschickt hatten. Natürlich gingen wir zu Tante Käthes Grab (andere Geschichte!) um ihr zu sagen: „Schau her, wir sind gekommen und du bist trotz allem irgendwie mit bei uns".

Zwei Nächte blieben wir in der Heide. Dann mussten wir ja zurück nach Hause. Das Benzin-Gemisch für unseren 2-Takt-Trabimotor war alle und im Westen gab es dieses ja nicht. Wir fuhren zu der kleinen Tankstelle im Ort und erklärten dem Tankwart unser Problem. Der hatte sich schon schlau gemacht und meinte, das wäre gar nicht so schlimm. „Ich mische Ihnen das Benzin mit Öl ganz genau, sodass sie ohne Probleme wieder nach Hause fahren können". Außer Benzin für unser Auto packte er nun noch eine Tüte mit Obst und Schokolade „und bezahlt wird gar nichts", sagte der gute Mann. „Das ist gratis, kommen sie mal wieder und haben sie eine gute Heimfahrt". Wir waren sprachlos.

Viele Jahre später, als wir einmal in der Nähe waren, haben wir uns die Tankstelle von damals gesucht. Es gab sie noch. Wir erzählten unsere Geschichte dem Nachfolger des damaligen Besitzers. Den Blumenstrauß mit dem „Danke-Stecker" und die Grüße werde er sehr gern an den Herrn Simon weitergeben, der inzwischen im Ruhestand ist.

Über 30 Jahre sind seitdem vergangen. Was ist aus der Euphorie von damals geworden, - vielerorts Ernüchterung. Was haben Menschen und Politik falsch entschieden? Ein großes Thema auf einem anderen Blatt. Für uns war es eine aufregende Zeit, die zu unserem Leben fest dazu gehört und die wir keinesfalls missen möchten.

Margrit Prauß, Dezember 2023

Die Wende - Teil 1:

Bewegende Momente vor dem Mauerfall

Im Sommer 1976 kam ich aus beruflichen Gründen nach Teltow, gelegen am Teltow-Kanal. Seit der Zeit wohne ich in dieser Stadt - man kann sie lieben oder hassen. Hier gingen meine beiden Kinder in die Krippe, den Kindergarten und zur Schule. Beide hatten Freunde in der Region, sodass sie behütet, glücklich und zufrieden aufwuchsen.

Ich arbeitete bis zur Wiedervereinigung der beiden deutschen Staaten im Institut für Polymerenchemie, das zur Akademie der Wissenschaften der DDR gehörte. In diesem Institut arbeiteten zu meiner Zeit etwa 400 Menschen, jeder kannte jeden - wir waren eine große Familie. Im Zuge der Wiedervereinigung wurde dieses Institut im Jahr 1991 „abgewickelt" und in verschiedene Deutsche Forschungsgemeinschaften eingegliedert.

Manchmal, zum Kindertag oder zur Weihnachtsfeier, durften meine Kinder das Institut besuchen. Wir fuhren gemeinsam mit dem Bus zwangsläufig an der Berliner-Mauer entlang - die Grenze nach West-Berlin verlief mitten im Teltowkanal - bis zur nächstliegenden Haltestelle des Instituts. Als meine Kinder noch im Vorschulalter waren, konnte ich auf die Frage warten: „Was ist das?" „Das ist die Grenze nach West-Berlin", sagte ich. „Können wir dorthin fahren?" kam prompt danach.

„Nein, das können wir nicht," antwortete ich. Mein Sohn, der zwei Jahre älter ist als seine Schwester, meinte dann zu wissen: „Ja, ich weiß, warum, weil dort die bösen Menschen leben." An der Stelle war mir sehr bewusst, was unsere Kinder auch in ihren Einrichtungen lernten. „Ob die Menschen dort böse sind, kann ich nicht sagen," antwortete ich. „Denke nur daran, dass Du von Menschen, die dort auch leben, Match-Box-Autos geschickt bekommen hast - die können doch nicht alle böse sein, oder?". Nun überlegte er, welche Antwort er geben könnte. Doch bevor das passierte, mussten wir auch schon aussteigen. Es gab neue Eindrücke, sodass das vorherige Thema nicht mehr wichtig war. Zuhause hörte ich von den Kindern noch, dass sie gern mal über die Grenze fahren möchten, „nur mal gucken", wie sie so schön sagten. Ich dachte: „Ja, das würde ich auch gern tun", sagte aber mit einem Lächeln: „Träumt einfach weiter!"

Die sogenannte „Mauer", die die DDR-Regierung am 13. August 1961 errichten ließ, und die offiziell als „antifaschistischer Schutzwall" bezeichnet wurde, gehörte zu unserem Alltag - ob es uns gefiel oder nicht. Keiner von uns in der Familie, im Freundes- oder Arbeitskreis hätte je im Traum daran gedacht, dass sich dieser Zustand jemals ändern würde, selbst nicht im Jahr 1989, als die Unzufriedenheit der Menschen in der DDR mit der politischen Situation spürbar zunahm. Ich erinnere mich an eine kleine Feier im Mai, zum Herrentag (Himmelfahrt), mit Freunden, wie erstaunt wir über die Nachricht waren, dass in Ungarn damit begonnen wurde, die Grenzzäune abzubauen. Wir waren darüber eher verunsichert als freudig gestimmt, denn wir wussten, wie der

Warschauer Pakt 1968 auf Reformversuche in der Tschechei reagierte – sie wurden gewaltsam niedergeschlagen. Also warteten wir ab, was kommen wird. Es kam nichts. Unser Dank galt dem damaligen Präsidenten der Sowjetunion. „Mister" Gorbatschow, der die Reformpolitik unterstützte. Wir wurden alle zu seinen Fans und drückten ihm die Daumen, dass er sich im Ostblock durchsetzen kann. Wir fragten uns nur, wie unsere Regierung darauf reagieren würde. Es blieb ungewöhnlich ruhig in dieser emotional aufgeheizten Zeit. In der Presse gab es zunehmend mehr Glasnost, mehr als wir je zuvor gekannt hatten. Dies milderte jedoch nicht die Unzufriedenheit der Menschen.

Wir rieben uns die Augen und Ohren und konnten es nicht glauben, als Ende Juni die Außenminister Ungarns und Österreichs in einem symbolischen Akt den Stacheldraht an der ungarisch-österreichischen Grenze durchtrennten. Wir wussten auch, was eine „durchlässige" Grenze bewirken kann. Und richtig, der Sommerurlaub wurde von vielen DDR-Bürgern genutzt, um über Ungarn in den Westen zu flüchten. Mein Mann sagte eines Tages zu mir: „Wann packen wir die Koffer? Jeden Tag reisen Tausende Menschen aus, wollen wir hier das Licht ausmachen?" Ich steckte in einer Bredouille, ich saß an meiner Promotionsarbeit, sodass eine Ausreise für mich zu dieser Zeit keine Option war. Mein Kollege jedoch, der wenige Monate zuvor seine Promotion abgeschlossen hatte, war mit seiner Familie im August ausgereist. Für mich war klar, dass ich zunächst meine Arbeit beende, für die ich viel Zeit investierte und meiner Familie viel zugemutet hatte. Jetzt einfach alles hinzuschmeißen –

NEIN, das konnte und wollte ich nicht. „Ich ziehe jetzt die Promotion durch – was dann ist, werden wir sehen", sagte ich. Mein Mann verstand das, obwohl er lieber heute als morgen gegangen wäre.

Es war eine sehr schnelllebige und spannende Zeit. Wir verfolgten mehrmals täglich die Nachrichten. Jeden Tag gab es weitere Überraschungen und sehr bewegende Momente, wie beispielsweise seit dem 4. September die Montagsdemonstrationen in Leipzig oder am 30. September, als der Außenminister der BRD, Genscher, in der Prager Botschaft den zahlreich dorthin geflüchteten DDR-Bürgern mitteilte: „Wir sind zu Ihnen gekommen, um Ihnen mitzuteilen, dass heute Ihre Ausreise möglich geworden ist". Es war ein so bewegender Moment, dass nicht nur mir, auch meinem Mann, die Tränen liefen. Beide dachten wir, dass wir auch dabei sein hätten können..., doch wir blieben.
Wer hätte gedacht, dass die DDR-Regierung am 7. Oktober, ungeachtet der Ereignisse und zunehmender Massenflucht oder größer werdenden Montagsdemonstrationen, entschlossen den 40. Jahrestag der DDR feierte. Die Stasi versuchte, die Feier abzusichern und schreckte auch nicht davor zurück, zahlreiche Menschen zu verhaften. Gorbatschow weilte zu dem Zeitpunkt in Berlin. Es war spooky: „Gorbi", wie man ihn inzwischen liebevoll nannte, feierte im Palast der Republik – im Palast des Volkes(!) – mit den DDR-Bonzen. Zur gleichen Zeit wurde draußen das Volk, das „Gorbi hilf uns!" rief, durch die Volkspolizei und Stasi in Schach gehalten – wir konnten nicht fassen, was wir sahen. In dieser Zeit machte der Spruch von Gorbi: "Wer zu spät kommt, den

bestraft das Leben," den er an die DDR-Regierung gerichtet haben soll, die Runde und hält sich hartnäckig bis heute.

In der Folge hatten wir mehrere Aha-Erlebnisse. Allein die Montagsdemonstration, am 9. Oktober, war überwältigend. Unsere Herzen jubelten, als wir die Menschenmassen sahen und die Rufe hörten: „Wir sind das Volk!" Keine Polizei, keine Stasi wagten sich, gegen die Demonstranten vorzugehen. Der Ton der Massen wurde heftiger und der Ruf nach der D-Mark unüberhörbar lauter. Am 18. Oktober trat Erich Honecker zurück - wer hätte das gedacht? Das konnte keiner vorhersehen. Egon Krenz übernahm das Ruder - er war bei der Bevölkerung sehr unbeliebt - ein wahrer „Wendehals". Sein Verfallsdatum war bei seinem Antritt schon abgelaufen.

Obwohl wir politisch sehr interessiert sind, waren wir in der Vorwendezeit vorwiegend „Zaungäste". Wir gehörten nicht zu den Teilnehmern der Montagsdemonstrationen. Wir zollten aber jedem Einzelnen großen Respekt und Achtung, der sich hier engagierte, denn ihnen ist die Wende zu verdanken. Es bestand immer das Risiko, dass Gewalt angewendet wird. Die Stasi war stets mit am Start und alles hätte auch nach chinesischem Vorbild eskalieren können.

Unvergessen bleiben für uns die Demos in Potsdam, Ende Oktober, bei der es noch über 100 Festnahmen gab, und die große Protestdemo in Berlin, am 4. November, auf dem Alexanderplatz. Wir standen dafür ein, dass sich grundlegend im Staat etwas ändert, dass aus einer Diktatur ein demokratischer Staat entsteht.

Wir konnten aber nicht erkennen, welche Politiker dafür in Frage kämen. Es blieben Sorgen und Ängste, dass altbekannte Politiker oder Stasileute das Ruder wieder rumreißen könnten.

Was würden uns die von diesen Leuten großartig angekündigten Reformen bringen? Die Gesellschaft musste sich grundsätzlich verändern! An ein vereintes Deutschland hatten wir am 4. November 1989 noch nicht gedacht.

Christiane Eisold, Februar 2024

Die Wende - Teil 2:

Mauerfall, alles nur geträumt?

Anfang November 1989 hielt die Ausreisewelle aus der DDR in den Westen unvermindert an. Die DDR drohte „auszubluten", deshalb sah sich die Regierung gezwungen, schnellstmöglich ein Reisegesetz zu beschließen, dass Privatreisen für alle DDR-Bürger ins Ausland ermöglichen sollte. Auch sollten dafür keine Voraussetzungen mehr gelten, wie Verwandtschaftsverhältnisse oder Reiseanlässe.

Jeden Tag gab es neue Entwicklungen, am 7. November traten DDR-Regierung und Ministerrat, sowie am 8. November das Politbüro zurück - es fühlte sich „richtig" an, aber es entstanden Lücken, wer sollte sie füllen? Die Nachrichtensendungen in ARD und ZDF sowie die anschließenden Sondersendungen hatten höchste Einschaltquoten, was gestern noch galt, konnte heute schon längst veraltet sein. Die Westsender informierten uns zeitnah und brachten uns auf den neuesten Stand. Sie berichteten auch über Konsequenzen, die mit den eingeleiteten Maßnahmen unserer Regierung verbunden waren. So kam es, dass ich sehr viel Zeit am Fernseher verbrachte, worüber meine Familie genervt war.

Am 9. November gegen 18:00 Uhr hielt Günter Schabowski eine Pressekonferenz ab, die live übertragen wurde. Er sprach u.a. über das „Bedürfnis der Bevölkerung zu reisen oder die

DDR zu verlassen". Allein dieser Titel..., ich fragte mich, wie ich das verstehen soll. Er sprach in Rätseln, ich verstand nur Ausreise... . Dann kam auch noch eine Nachfrage von einem ausländischen Journalisten. Er wies darauf hin, dass dies vorgestellte Reisegesetz möglicherweise ein älterer Entwurf sei... Schabowski teilte daraufhin zusammengefasst mit, dass ab sofort Westreisen für jedermann möglich seien... „Was?" dachte ich. In diesem Moment kam mein Mann ins Wohnzimmer und beschwerte sich darüber, dass ich „viel zu viele Nachrichtensendungen schaue..., nicht mehr richtig am Familienleben teilnehme..., er wieder mit den Kindern allein Abendbrot gegessen hätte..., es doch noch weitere Sendungen am Abend gäbe..., es läuft dir und uns nichts weg!" Ich gab ihm recht und sagte: „Gerade hat Schabowski eine Pressekonferenz gegeben, er hat Dinge zum Reisegesetz gesagt, die ich nicht ganz verstanden habe. Ich werde die Abendsendung ansehen, vielleicht verstehe ich es dann." Mein Mann war darüber nicht erfreut und meinte: „Vielleicht schauen wir heute Abend mal gar keine Nachrichten mehr, das müsste doch auch gehen." „Okay," lenkte ich ein, „dann lass ich das heute – werde schon nichts versäumen." Der Fernseher ging gegen 19 Uhr aus und an diesem Abend nicht mehr an.

Am nächsten Morgen, gegen 5:45 Uhr, stand mein Mann auf und ging ins Bad. Kurze Zeit später kam er ins Zimmer zurückgerannt und sagte: „Wir liegen im Bett und draußen steppt der Bär." „Was, wie?" ich verstand nur Bahnhof. Er sagte weiter: „Die Grenzen sind auf! – halb Berlin ist auf den Beinen! Heute Nacht wurde in Westberlin eine Party gefeiert..." ich dachte: ‚Hatte Schabowski davon gesprochen? – NEIN, ‚das hätte ich verstanden.' – „Wir hätten auch nach Berlin gehen können, wenn ich nur die Spätnachrichten noch angeschaut hätte! Aber nein, wir verschlafen historische Momente," rief ich ihm vorwurfsvoll zu. Wir freuten uns über diese wundervolle, für uns sehr überraschende Nachricht, tanzten im Flur und drückten uns von ganzem Herzen. Wir hörten im Radio die tollsten Geschichten der vergangenen Nacht. Es wurde auch darüber berichtet, dass DDR-Bürger einen Stempel in den Pass bekommen hätten, der den Ausweis normalerweise ungültig machen sollte („ohne Recht auf Rückkehr"), aber aufgrund des Chaos an den Grenzübergängen in Berlin und den vielen Menschen wurden die „Ausgereisten" wieder in die DDR hineingelassen. Es ist unglaublich, was in dieser Nacht abging, die wir verschlafen haben. Das mussten wir erst einmal sacken lassen. Es war ein so überwältigendes Gefühl, zu wissen, offene Grenzen nach Westberlin und auch nach Westdeutschland - Wahnsinn! Aber heißt das: Einmal auf - immer auf? Sicher waren wir uns nicht. Im Radio erfuhren wir auch, dass wir vom Westen einmalig 100 D-Mark Begrüßungsgeld bekommen würden - welch ein Geschenk! Wir wollten unbedingt selbst nach Westberlin, selbst alles hautnah erleben. Doch zuvor ging ich zur Arbeit.

Ich war überrascht, dass der Bus ziemlich leer war, sonst gab es keine Sitzplätze mehr, heute konnte ich mir einige aussuchen. Aber die Leute, die mitfuhren, hatten fast alle ein breites Grinsen im Gesicht, einmalig! Auf der Arbeit angekommen, lagen wir uns vor großer Freude in den Armen. Freudentränen flossen. Wir gönnten uns eine Flasche Sekt und tranken auf eine gute Zukunft - wie immer sie auch aussehen sollte, wir hatten keine Ahnung.

Mit sofortiger Wirkung gab es auch kein Grenzgebiet mehr. Wir konnten also unsere Kolleginnen besuchen ohne Passierscheine. Irgendjemand meinte, dass wir einen Stempel im Ausweise benötigen, wenn wir abends über Dreilinden nach Westberlin fahren wollen. Diesen Stempel müssten wir uns von der Polizei holen. Der Parteisekretär unseres Instituts hatte sich bereiterklärt, für alle, diese Stempel einzuholen. Wer hätte das gedacht, der Parteisekretär...! Gegen Mittag hatten wir die Stempel. An Arbeit war an diesem Tag nicht zu denken, wir saßen da, redeten und hofften nur, dass wir nicht träumten... es war verrückt!

Gegen 16:30 Uhr fuhren wir nach Westberlin. Nicht nur wir hatten diese glorreiche Idee, nein Tausende! Wir fuhren mit unserem „Wartburg" ohne Karte und Kompass in Kolonne nach Westberlin. Am Grenzkontrollpunkt Dreilinden wollte niemand mehr unseren Ausweis mit Stempel sehen. Ein Grenzer „hing" ziemlich erschöpft über seinen „Tresen" und winkte alle durch. Er schenkte uns nicht einmal mehr Blickkontakt, zu viele hatte er schon gesehen. Die Autostraße führte uns direkt zum Ku'damm, wir parkten zufällig direkt vor einer Bank. Die Mitarbeiter der Bank arbeiteten im Akkord und waren superfreundlich. Wir schauten nur in freundliche und lachende Gesichter. Jetzt hatten wir sogar 100 D-Mark – waren wir reich?! Wir stiefelten zur Gedächtniskirche und hörten schon von Weitem, dass dort eine Kundgebung stattfand, es sprachen Kohl, Brandt und Momper. Am Ende der Kundgebung sangen sie die deutsche Nationalhymne – es klang so schaurig schräg, doch für uns war es ein hoch emotionaler, wunderbarer und unglaublich schöner Moment, der unsere Augen nicht trocken ließ. Noch einen Tag zuvor hätten wir es uns nicht erträumen können, dass wir am 10. November 1989 an der Gedächtniskirche stehen und den Worten des Kanzlers Kohl lauschten, der selbst von der Geschwindigkeit dieser Ereignisse mehr als überwältigt schien. Wir lernten an diesem Abend noch fremde Menschen kennen, die uns sehr berührten.

Wir spazierten mit den Kindern (9 und 11 Jahre) den Ku'damm hinunter und mussten uns immer wieder erinnern, dass wir in Westberlin sind. Wir kamen an zahlreichen Geschäften vorbei, deren Auslagen zum Einkaufen einluden, doch mit 100 D-Mark kann man keinen großen Sprung machen. Unsere Kinder sahen viele schöne Sachen und animierten uns, sie zu kaufen, doch ich sagte ihnen: „Ihr könnt euch alles ansehen, gern auch sagen, was euch gefällt, aber kaufen, kaufen können wir davon noch nichts. Ihr müsst euch vorstellen, das HIER ist ein großes Museum, alles kann betrachtet, nichts gekauft werden." Sie waren mit meiner Erklärung nicht einverstanden, maulten noch etwas rum, wollten dann nur noch nach Hause. Für unsere Kinder sind offene Grenzen „normal". Damals waren sie zu jung, um die Bedeutung dieser Sternstunde am 9. November 1989 zu verstehen. Der Mauerfall war für uns alle ein großes Glück.

Als wir wieder zu Hause waren, nahm mein Mann mich in die Arme, drückte mich fest, damit wir beide spürten, dass wir dies alles real erlebten und nicht träumten. Die Wende eröffnete auf einmal für unsere Zukunft viele Optionen... wir begannen zu träumen.

Christiane Eisold, Februar 2024

Die Wende - Teil 3:

Mauerfall und wie weiter?

Nach dem 9. November nutzten wir jede freie Zeit, nach Westberlin zu fahren, um uns mit der Stadt vertraut zu machen. Nach Lust und Laune setzten wir uns in einen Doppelstockbus und fuhren durch die gesamte Stadt. Manche Busfahrer entpuppten sich sogar als Stadtführer. Oft hielten wir inne und klatschten vor Freude auf unsere Knie, um zu realisieren: „He, wir sitzen im Bus und fahren durch Westberlin - großartig!" Wir sahen Hunderte von „Mauerspechten" und trafen an der Mauer mitten in Berlin nur fröhliche und uns sehr zugewandte Menschen. Auch nutzten wir besondere Angebote im kulturellen Bereich, die es für DDR-Bürger preiswerter oder sogar umsonst gab. Dieses Gefühl von Freiheit war einfach sensationell!

Wenige Tage nach dem 9. November erhielt ich einen Brief von meinem Patenonkel Günter, der in Balingen wohnte. Er war ein Freund meines Vaters, zu dem er stets Kontakt hielt. Er selbst war Ende der 50er Jahre mit seiner Familie in den Westen geflohen und musste einige Zeit im Notaufnahmelager Berlin-Marienfelde zubringen, bis er nach Balingen vermittelt wurde. Er konnte sehr gut nachempfinden, wie wir uns fühlten. Er gratulierte uns zur friedlichen Revolution und wünschte uns für die Zukunft das Allerbeste. Er bot seine

Hilfe an, sofern wir sie annehmen wollten. Gleichzeitig lud er uns ein, Weihnachten und Silvester in Balingen zu verbringen. Wir waren perplex, hatten mit solch einer Einladung nicht gerechnet. Wir nahmen sie an und freuten uns darauf, ihn und seine Familie kennenzulernen.

Wenige Tage vor Heiligabend machten wir uns mit unserem „Wartburg" auf den Weg nach Balingen, das etwa 700 Kilometer von Teltow entfernt liegt. Wir wussten nicht, ob wir unterwegs das 2-Takter-Benzin-Gemisch tanken könnten, sodass wir im Kofferraum 20- und 5-Liter Benzinkanister mit uns führten, was sicher nicht erlaubt und auch nicht ungefährlich war. Wir kamen in Balingen gut an. Günter war ein großartiger Gastgeber. Mit Ankunft überreichte er meinem Mann den Autoschlüssel seines Mercedes mit den Worten: „Für die Zeit eures Aufenthalts." Wir erlebten 12 wunderschöne und unbeschwerte Tage. Führten sehr gute Gespräche bis tief in die Nacht, lernten uns gegenseitig noch viel besser kennen. Er las uns unausgesprochene Wünsche von den Augen ab.

Wir nutzten unseren Aufenthalt in Balingen auch, um den Onkel meines Mannes, die Familie des Bruders meines Schwiegervaters, in Stuttgart zu besuchen. Wir wollten sie überraschen und nur kurz „Hallo" sagen. Unsere Kinder mochten es nicht, wenn wir lange Gespräche führten, sie wollten gern mit uns etwas erleben. Wir versprachen es ihnen. Wir fuhren nach Stuttgart und standen fröhlich vergnügt kurz vor dem Mittagessen vor der Tür und klingelten. Die Tante öffnete. Sie erkannte meinen Mann, da er zwei Jahre vor der Wende zum 70. Geburtstag ihres Mannes nach Stuttgart kommen durfte. Die Tante erschrak offensichtlich, sie konnte nicht einordnen, warum wir vor der Tür stehen. „Ach Herrje," war ihre Reaktion, „wo kommt ihr denn her?" Bevor wir antworten konnten, fügte sie hinzu: „Es tut mir leid, ich habe heute meinen Joghurt-Tag." Sie hatte wohl angenommen, dass wir zum Mittagessen gekommen wären. Noch standen wir vor der Tür und schauten uns etwas betreten an. Der Onkel kam hinzu und bat uns hinein. Mein Mann erklärte die Situation, entschuldigte sich für den „Überfall" und fügte hinzu: „Wir wollten einfach nur ‚Guten Tag' sagen, wir kommen aus Balingen." Die etwas entsetzt schauende Tante beäugte uns intensiv. Der Onkel, der sich sichtlich über unseren Besuch freute, informierte seine Kinder, Cousin und Cousine meines Mannes, die nur wenige Schritte von ihm entfernt wohnten. Sie kamen hinzu, sodass wir insgesamt ein paar unterhaltsame Stunden hatten. Mir fiel auf, dass es sich im Gespräch meist ums Geld, wie teuer alles sei, was sie verdienen, und um ihre Positionen in den Firmen drehte. Das war für uns etwas befremdlich. Wir hätten uns gefreut, wenn sie Fragen zur Wende in der DDR hätten oder uns fragen würden, wie es mit uns weitergeht. Doch dies wussten wir im Grunde selbst nicht so genau. Wir wussten nur, dass alles nicht so bleiben konnte, wie es war. Wir waren optimistisch und voller Hoffnung, dass sich vieles fügen würde.

Unser Aufenthalt in Stuttgart war zur Freude unserer Kinder nach wenigen Stunden beendet. Wir waren von diesem Besuch etwas enttäuscht, weil wir gehofft hatten, dass man sich in der Familie freut, wenn nahe Verwandte auch unangekündigt vorbeikommen, um sich besser kennenzulernen. Vielleicht war es ein Fehler, einfach vor der Tür zu stehen..., möglicherweise hatten sie Angst, dass wir andere Beweggründe nach dem Mauerfall hatten... Ach, darüber wollten wir nicht nachdenken. Wir fuhren mit den Kindern in ein Erlebnis-Thermalbad und hatten viel Spaß. Etwas blieb von diesem Besuch bis heute. Wenn wir nicht wissen, was wir zum Essen kochen sollen, fragen wir uns, ob wir nicht einen „Joghurt-Tag" einlegen wollen und lachen darüber.

Anfang Januar waren wir wieder in Teltow. Wir hofften, dass das neue Jahr nicht so aufregend werden würde wie das vergangene. Aber auch 1990 ging forsch voran. Wer hätte am Anfang des Jahres gedacht, dass wir am 3. Oktober schon den Tag der Einheit feiern werden. Alle dafür notwendigen Handlungen und Schritte - wie freie Wahlen, die Währungsunion und der Einigungsvertrag mit dem Beitritt der DDR zur Bundesrepublik - kamen Schlag auf Schlag. Es gab Stimmen, die „schneller, schneller" riefen, aber auch warnende Stimmen, die Sorgfalt und langsameres Vorgehen für diesen historischen Übergang anmahnten. Nun, der Beitritt der DDR kam im Eilzugtempo. Grundsätzlich gaben wir dem neuen demokratischen Staat einen Vertrauensvorschuss. Die Mehrheit der DDR-Bürger hatte sich diesen Staat so gewünscht. Uns war bewusst, dass es kein „weiter so!" geben wird, sondern uns massive Veränderungen bevorstanden. Insgesamt konnte es doch nur besser werden! Diese Phase war geprägt von einer ansteckenden Aufbruchstimmung. Wir waren voller Zuversicht, die wir uns auch nicht kleinreden ließen. Wir feierten mit der Familie und den Freunden vergnügt den Tag der Deutschen Einheit am 3. Oktober 1990 - das Ende einer aufregenden Wendezeit.

Christiane Eisold, Februar 2024

Die Wiedervereinigung - Teil 4:

Es gibt kein weiter so!

Mein Mann und ich arbeiteten in Einrichtungen der Akademie der Wissenschaften, deren Ende zum 31. Dezember 1991 besiegelt waren. Mein Mann, von Beruf Informatiker, war noch in der Wendezeit im wissenschaftlichen Gerätebau, mit Hardware-Entwicklungen befasst - diese Tätigkeit wurde nun nicht mehr gebraucht. Jetzt konnte sich jede Einrichtung die benötigten Geräte ohne lange Wartezeit kaufen. Er hatte übergangsweise im medizinischen Gerätebereich eine neue Tätigkeit aufgenommen. Zwei Jahre später fand er in einem mittelständischen Betrieb als Elektroplaner für den Straßenbau eine Anstellung. Der Betrieb hatte diesen Bereich später outgesourct, sodass er sich mit seiner Arbeit selbständig machen konnte. Diese Tätigkeit übt er heute noch aus.

Ich war wissenschaftliche Mitarbeiterin in einem Forschungsinstitut und verteidigte meine Dissertation an der TU Dresden im Juli 1991. Mit dem Beitritt der DDR zur Bundesrepublik wurde die Forschungslandschaft der BRD neugestaltet. Unser Institut wurde 1991 vom Wissenschaftsrat begutachtet hinsichtlich unserer Inhalte, Kompetenzen und Leistungen. Unsere Einrichtung wurde insgesamt positiv evaluiert - das war eine großartige Wertschätzung unserer bisherigen Arbeit - und blieb als Forschungsstätte in Teltow erhalten. Die

einzelnen Institutsbereiche wurden in bestehende bundes-
deutsche Forschungsgemeinschaften aufgeteilt. Die große
Familie zerfiel in kleinere Einheiten.

Unser Bereich Membranforschung, mit ca. 40 Personen,
wurde dem Forschungszentrum Geesthacht, das zur Helm-
holtz-Gemeinschaft gehörte, zugeteilt. Doch bevor wir ein-
gegliedert wurden, mussten wir uns einer Befragung der
Führungskräfte des Geesthachter Instituts für Polymerfor-
schung stellen. Wir mussten – und das war für uns neu –
unsere Kompetenzen auf dem Markt „anbieten" und über
unsere Forschungsarbeiten berichten sowie Vorstellungen
zur künftigen Zusammenarbeit entwickeln. Das war eine un-
gewöhnliche Situation. Im Ergebnis fanden uns unsere spä-
teren Kollegen „passend".

Bis Ende 1995 forschte ich im Teltower Institutsteil für
Polymerforschung. Eines Tages entdeckte ich am „schwarzen
Brett" eine Ausschreibung, in der eine Referentin der Ge-
schäftsführung in Geesthacht gesucht wurde. Ich hatte gro-
ße Lust, mich zu bewerben, hatte aber gleich ein schlechtes
Gewissen, dass ich meinen Mann mit den beiden Kindern
nicht allein in Teltow zurücklassen wollte. Ich sprach da-
rüber mit meinem Mann. Er sagte nach kurzem Zögern: „Mach
es doch, wer weiß, wann solche Gelegenheit wieder kommt.
Wir können auch alle mitkommen." Erst einmal habe ich mich
beworben. Ich wusste genau, wenn man eine Bewerbung
schreibt, muss man davon ausgehen, dass man genommen
wird, so auch in meinem Fall. Die Zusage freute mich und
machte mich auch gleichzeitig traurig, denn dies hieß, die
Woche über nicht bei der Familie zu sein. Wir boten unseren

Kindern an, die inzwischen 17 und 15 Jahre alt waren, dass wir alle nach Hamburg gehen. Ich erfuhr eine geballte Ladung Widerstand. Beide wollten in Teltow, bei ihren Freunden, bleiben. Es ging so weit, dass sie sich gemeinsam eine Wohnung nehmen wollten. Dies wollten wir nicht. So ging ich nach Geesthacht

Als ich mit meinem Laufzettel in die Zentrumsverwaltung kam, sagte mir dort eine Angestellte, dass sie sich darüber wundern würde, dass ich die Kinder allein in Teltow zurückgelassen habe. „Dies würde ich als Mutter nicht können." Ich guckte sie verwundert an und sagte: „Die Kinder haben einen Papa, der kümmert sich doch!" Hier merkte ich, dass verschiedene Auffassungen zur Kindererziehung zusammenkamen. Bei uns in der Familie - wie es auch in sehr vielen DDR-Familien der Fall war - hatten sich auch die Väter aktiv an der Kindererziehung/-betreuung beteiligt. Meine Kinder waren es gewohnt. Sie berichten noch heute von vielen positiven Begebenheiten aus der Zeit mit ihrem Vater, der ihnen altersgemäß eine „lange Leine" ließ. Wenn sie mich necken wollten, fügten sie hinzu, dass sie mich gar nicht vermisst hätten.

Die Arbeit im Helmholtz-Zentrum Geesthacht war vielseitig und interessant und die Menschen dort sehr zuvorkommend und wertschätzend, sodass es mir im Jahr 1999 sehr schwerfiel, die Referentenstelle in der Geschäftsstelle der Helmholtz-Gemeinschaft in Bonn anzunehmen. Sie bereiteten mir einen sehr berührenden Abschied. Nun war ich noch weiter von Teltow weg. Diese Entfernung konnte ich wöchentlich nicht mehr mit dem Auto leisten. Ich wurde zum „Vielflieger".

In Bonn traf ich auf wunderbare Kollegen und Kolleginnen, die mich sehr unterstützten, sodass die Einarbeitungszeit sehr kurz war. Ich konnte in der Woche ein paar Überstunden mehr leisten, da auf mich zu Hause niemand wartete. Ich lernte hier auch die 5. Jahreszeit unfreiwillig kennen. Jeder ging davon aus, dass ich es wissen musste, dass beispielsweise an Weiberfastnacht nur halbtags gearbeitet wurde. Ich hatte mich nur gewundert, dass am Donnerstag vor Rosenmontag die Leute verkleidet in Clowns-Kostümen ins Büro kamen und seriös arbeiteten, mittags gingen sie. Sie gingen feiern, nur ich wusste das nicht, ich blieb natürlich und machte abends das Licht aus. Mir hat die rheinische Frohnatur sehr zugesagt. Wenn etwas passierte, was nicht zu ändern war, hieß es nur: „Et kütt, wie et kütt!"

Ich interessierte mich für die Menschen und für die Rolle der Frau in der westlichen Gesellschaft. Meine Kollegin erzählte mir, dass sie froh sei, dass die Gleichberechtigung von Mann und Frau endlich gelebt wird. Ich wusste gar nicht, was sie meinte, denn ich hatte in meinem ganzen bisherigen Leben nichts anderes erlebt. „In der DDR war die Gleichberechtigung von Mann und Frau gelebte Praxis," sagte ich ihr. „Ja, aber nicht bei uns im Westen," gab sie zur Antwort. „Noch bis 1977 mussten die Frauen ihre Ehemänner fragen, wenn sie arbeiten wollten, nicht nur das, sie brauchten von ihnen eine schriftliche Erlaubnis, die sie dem Arbeitgeber vorlegen mussten. Die Frauen waren festgelegt auf ihre Rolle als Hausfrau und Mutter," führte sie weiter aus. Ich musste unweigerlich an das Gespräch mit der Verwaltungsangestellten in Geesthacht denken. Ich hatte es jetzt verstanden.

Ich konnte nicht glauben, dass die BRD in Sachen Gleichberechtigung noch lange ein „Entwicklungsland" war. Das war ein Glück für uns.

Mein Heimweh nach Hause wurde zunehmend größer, mir fiel montags die Abreise nach Bonn immer schwerer. Ich fand es als Glücksumstand, dass gerade zu diesem Zeitpunkt mein ehemaliger Prokurist aus Geesthacht in Bonn weilte, mit dem ich mich zum Essen verabredete. Er erzählte mir von einem neuen Institutsleiter in Teltow, für den er eine administrative Leitung im Geestachter Institutteil am Forschungsstandort Teltow suchte und dass er hierbei an mich gedacht hätte. Natürlich habe ich um Bedenkzeit gebeten, aber normalerweise hätte ich ihn umarmen können, da ich schon länger den Wunsch hatte, wieder an den Standort Teltow zurückzukehren. Dies passierte dann ab Januar 2002. Hier spürte ich eine große Zufriedenheit, wieder zu Hause angekommen zu sein. Eigentlich wollte ich von hier nicht mehr weg, doch ich merkte zunehmend, dass mir der Institutsleiter nicht guttat. Es dauerte lange, bis ich begriff, dass ich ihn loslassen muss. Dies tat ich 2012, indem ich zum Ministerium für Wissenschaft, Forschung und Kultur des Landes Brandenburg wechselte. In meinem damaligen Alter war dies eine mutige Entscheidung. Hier fand ich ein angenehmes und positives Arbeitsklima vor, mit gegenseitigem Respekt, Anerkennung und Wertschätzung. Ich hatte jetzt jeden Tag einen 5mal längeren Arbeitsweg zu absolvieren, doch ich war täglich dankbar darüber, dass ich diesen Weg gewählt habe, den ich bis zu meinem Ausscheiden aus dem Arbeitsleben, Ende 2022, gegangen bin.

In meinem abwechslungsreichen Arbeitsleben an den unterschiedlichsten Orten bin ich mit ganz vielen Menschen zusammengekommen, mit Menschen aus Ost und West. Ich habe viel erlebt, überwiegend Positives, und musste auch gegen Vorurteile angehen. Insgesamt habe ich darauf geachtet, dass wir uns mit Respekt auf Augenhöhe begegnen – das ist die Basis für ein Miteinander. Wenn Vorurteile oder negative Äußerungen bezüglich des Ostens und dessen Menschen im Raum standen, mischte ich mich ein, indem ich sagte: „Hallo, ich komme auch aus dem Osten, dann gilt das auch für mich, ich muss heftig widersprechen." Hier bekam ich fast immer die Antwort: „Ja, Sie kommen auch aus dem Osten, doch sie haben längst gezeigt, dass Sie anders sind, auch anders denken und arbeiten." Über solche Aussagen war ich eher erschrocken – weil ich dachte, dass ich bin, wie ich bin! Ich antwortete dann: „Sie kennen doch die Person im Osten gar nicht, warum sagen Sie so etwas?" Ich habe viele Menschen im Westen getroffen, die keinen Bezug zum Osten hatten und auch noch nie im Osten, außer eventuell in Berlin, waren, dennoch hatten sie ihre „feste" Meinung. Ich fragte mich, ob ein Mensch nur das sieht, was er sehen will. Das wäre doch schade. „Fahren Sie doch in den Osten und machen sich ihr eigenes Bild!" schlug ich gern vor, denn ich weiß, wenn Menschen miteinander ins Gespräch kommen und sich zuhören, können sie neue Einsichten gewinnen, die das Denken beeinflussen und auch das Leben verändern können.

In diesem Jahr feiern wir 35 Jahre Mauerfall. Insgesamt kann ich für mich, meine Kinder, unsere gesamte Familie und mein

Umfeld feststellen, dass der Mauerfall verbunden mit dem schnellen Weg zur Wiedervereinigung für uns alle ein Glücksfall war, wofür wir dankbar sind. Die Wiedervereinigung hat uns und unser Land massive Veränderungen gebracht und uns vor große Herausforderungen gestellt, mit denen wir uns auseinandergesetzt haben und daran gewachsen sind. Wir haben aber auch großartige Möglichkeiten bekommen, in Freiheit und selbstbestimmt zu leben sowie über unsere Zukunft selbst zu entscheiden.

Christiane Eisold, Februar 2024

Die Wende - Teil 5:

Wir sind ein Volk - Wie geht zusammenwachsen?

Zum Jahrestag der Deutschen Einheit kommen mir immer wieder die alten Bilder in Erinnerung. Für mich immer noch mit Gänsehaut verbunden, sind die Bilder des Mauerfalls, der Euphorie zur gewonnenen Freiheit, die Bilder der friedlichen Revolution, von den vielen Menschen, die 1989 demonstrierten und laut riefen: „Wir sind ein Volk!" Diese Ereignisse machten die Wiedervereinigung – eine Sternstunde in der deutschen Geschichte – erst möglich. Damit bleiben auch die Worte von Willy Brandt „Damit zusammenwächst, was zusammengehört" unvergessen. Doch wie ging das Zusammenwachsen?

Mit dem Beitritt der DDR zur BRD waren wir nicht nur ein Teil der Bundesrepublik, sondern ab sofort auch „ein Volk". In meinem familiären Umfeld gab es sogar Menschen, die daran glaubten, dass sie von der wirtschaftlichen Lage der Bundesrepublik profitieren würden. Sie vertrauten einfach dem Verfassungsauftrag der BRD: „allen Deutschen vergleichbare Lebensverhältnisse und Entfaltungschancen zu gewährleisten". Ich dachte, wie das wohl gehen soll, nach einem

Systemumsturz? Uns war klar, dass es zunächst massive und tiefgreifende Veränderungen geben musste. Dafür wurden für Ostdeutschland in allen Bereichen unzählige Reformen auf dem Weg gebracht, gravierende auch in der Wirtschaft.

Ich kenne keine Familie in meinem Umfeld, die nicht von den neuen Herausforderungen in der Wirtschaft betroffen waren. So auch meine Familie. Zwei Brüder von mir, die in mittleren Wirtschaftsunternehmen tätig waren sowie Freunde von uns, die in Volkseigenen Betrieben oder Kombinaten (VEB) arbeiteten, waren davon betroffen. Ihre Arbeit war auf einmal nichts mehr wert. Es wurden unzählige Stellen abgebaut. Das in der DDR nie gekannte Wort „Arbeitslosigkeit" machte die Runde, sie nahm rasant zu. Dies brachte sozialen Sprengstoff und große Unzufriedenheit mit sich. Die ohnehin schon niedrige Wirtschaftskraft des Ostens ging weiter zurück. Schon ein Jahr nach der Einheit verflog die einstige Aufbruchstimmung und auch die Hoffnung auf gleiche Lebensbedingungen.

Mein ältester Bruder, damals 50 Jahre alt, gehörte auf einmal zum „alten Eisen", er wurde arbeitslos. Er nahm über die Arbeitsagentur Arbeiten im Rahmen der Arbeitsbeschaffungsmaßnahmen (ABM) an, sodass er zu seinem Arbeitslosengeld noch einen Zuschuss bekam. Für jede geleistete ABM-Stunde erhielt er zusätzlich 1 DM. Im Jahr 2004 lief diese Maßnahme aus, sodass er mit 59 Jahren in den Ruhestand ging. Entsprechend klein ist seine Rente.

Auch der Lebenslauf meines zweiten Bruders, damals 40 Jahre alt, bekam einen Knick. Er war Techniker und Schweißer in einem mittelständischen Betrieb. Er hatte Freude an seiner

Arbeit und ein zufriedenstellendes Auskommen. Der Betrieb wurde abgewickelt und ging mit Hilfe der Treuhandanstalt in den Privatbesitz eines Westdeutschen über. Dieser hatte nicht vor, den Betrieb zu sanieren, sondern suchte sich die effizienten „Filetstücke" heraus, die noch eine entsprechende Auftragslage ergaben. Die anderen Betriebsteile wurden geschlossen. Der Bereich von meinem Bruder lief noch einige Zeit. Als die Aufträge abgearbeitet waren, wurde er nicht entlassen, sondern neu und befristet eingestellt. Er erledigte Arbeiten, die nicht seiner Qualifikation entsprachen. Er bekam deutlich weniger Geld. Der neue Arbeitgeber setzte ihn dort ein, wo er ihn gerade brauchte, so auch im Gerüstbau. Dies war kein Kernbereich seines ehemaligen Betriebs. Er zog von Baustelle zu Baustelle, die meist weit weg von seinem Zuhause waren. Er musste oft die ganze Woche auf der Baustelle bleiben. Der neue Arbeitgeber baute Druck auf, indem er keine Überstunden vergütete. Mein Bruder konnte zu dem Zeitpunkt aus Mangel an Möglichkeiten, seine Arbeitsstelle nicht wechseln, sodass er in den „sauren Apfel" beißen musste, wenn er seinen Lebensstandard einigermaßen halten und nicht in die Arbeitslosigkeit rutschen wollte. Er war mit seiner Situation mehr als unzufrieden und demotiviert. Mein Bruder ist heute noch der Meinung, dass sein ehemaliger Betrieb effizient gearbeitet hätte und eine sehr gute Auftragslage hatte, dass es nicht notwendig gewesen wäre, ihn sofort abzuwickeln. Es gab dort Menschen, die engagiert waren und an seinem Überleben mitgewirkt hätten..., wenn, ja wenn die Treuhand nicht anders entschieden hätte und der westdeutsche Eigentümer nicht alles runtergewirtschaftet hätte.

Mein Neffe, der Sohn meines Bruders, befand sich gerade mitten in der Ausbildung im Bereich Heizung und Sanitär als sein Ausbildungsbetrieb abgewickelt wurde. Er musste sich einen neuen Ausbildungsbetrieb suchen, was nicht so einfach war. Just zu diesem Zeitpunkt lockten Betriebe, wie die Post, in den alten Bundesländern, in diesem Fall war es Bayern, junge Leute aus den neuen Bundesländern an, um ihren Fachkräftemangel auszugleichen. Mein Neffe erhielt vom Freistaat Bayern 5.000 DM Startkapital und eine Post-eigene Wohnung mitten in München. Er ließ sich nicht zwei-mal bitten, er zog von Mecklenburg-Vorpommern, wo es für ihn damals keine Zukunft gab, nach München. Wie er mir später erzählte, war er kein Einzelfall. Seine Eltern hatten dies sehr bedauert, konnten ihn jedoch nicht aufhalten.

Die VEBs und Kombinate wurden in Gänze zerschlagen, so auch in Teltow. Beispielsweise hatte die Fa. Siemens Teile des Geräte- und Reglerwerkes übernommen. Einige Telto-wer Mitarbeiter wurden bei Siemens neu eingestellt, muss-ten zur Umschulung Woche für Woche nach Erlangen. Die Fa. Siemens bekam viel Geld, um in Teltow neue Gebäude zu bauen, die sie 10 Jahre lang nutzten, das war vertraglich festgelegt, um dann den Betrieb wegen Unwirtschaftlichkeit aufzugeben.

So könnte man weitere Geschichten aus dem Wirtschaftsbe-reich erzählen, die alle den Eindruck erwecken, dass einer-seits die westdeutsche Wirtschaft, voran die Treuhandanstalt, gar kein Interesse daran hatte, eine effiziente Wirtschaft in Ostdeutschland aufzubauen. Im Gegenteil, sie nutzen Auf-träge aus ostdeutschen Betrieben oder auch Finanzmittel aus dem „Einheitstopf" für neue Infrastruktur und profitierten letztlich davon. Die Westfirmen konnten sich somit auch mögliche Konkurrenzfirmen vom Hals halten.

Hinzu kommt, dass durch den Umbruch Leitungspositionen in den neuen Bundesländern durch Führungskräfte aus dem Westen besetzt wurden. Wie ich selbst erfahren musste, waren dies oftmals Personen, die sich gegenüber den Bürgern der neuen Bundesländer besonders in Bezug auf den politischen, wirtschaftlichen oder sogar wissenschaftlichen Bereich besserwisserisch und belehrend verhalten haben. Diese Personen hatten durch die Anstellung im Osten gute Möglichkeiten, auf der Karriereleiter noch weiter nach oben zu kommen, was den Ostdeutschen nicht zugetraut oder per Ost-Lebenslauf verwehrt wurde. In diesem Zusammenhang entstand das Wort „Besserwessi", das sogar im Duden steht und Wort des Jahres 1991 wurde.
Diese von den Ostdeutschen in fast allen Bereichen erlebte Benachteiligung und Nichtanerkennung ihrer Lebensleistung hat sie emotional getroffen. Sie fühlten sich nicht als Teil dieser neuen Bundesrepublik, sondern eher als „Bürger zweiter Klasse". Dies waren keine Einzelfälle, sondern von ihnen gab es viele, sodass sich eine unüberhörbare Unzufriedenheit hochschaukelte. Die positive Stimmung des Aufbruchs drohte ins Gegenteil zu kippen. In diesem Zusammenhang entstand das Wort „Jammerossi", weil auch viele Westdeutsche nicht verstehen konnten und wollten, dass sie jammern, wo es ihnen doch insgesamt besser ging.

Beide Begriffe irritierten mich sehr, weil sie meiner Meinung nach zu Missverständnissen und verletzten Gefühlen führten.

Ich bin darüber sehr froh, dass sie jetzt keine Rolle mehr spielen, obwohl immer noch einige Baustellen abzuarbeiten sind, um für alle Deutsche einheitliche Lebensverhältnisse und Entwicklungschancen nach immerhin 35 Jahren Einheit zu schaffen. Wir sind sicher auf sehr gutem Weg, doch bedarf es gegenseitige Achtung und Wertschätzung.

Christiane Eisold, Februar 2024

 Zeitenwende

Es ist der 9. November 1989 - ein Tag, der das Leben vieler
Menschen in unserem Land vollkommen verändern sollte.
Am Abend dieses denkwürdigen Tages überschlagen sich
die Ereignisse. Wir verfolgen gebannt die Nachrichten und
schauen voller Anspannung dem unglaublichen Geschehen
auf dem Bildschirm zu. Irgendwann heißt es: „Die Grenze
zum Westen ist offen!" Ein riesiger Jubel ertönt aus tausen-
den Kehlen. Ein Jahr später, am 3. Oktober 1990, existiert
die DDR nicht mehr - Deutschland ist wiedervereinigt.
Die Schlagzeilen zu diesem einmaligen, geschichtsträchtigen
Ereignis erschütterten viele Menschen in den Tagen vom
Mauerfall bis zur Wiedervereinigung. Die Euphorie der ers-
ten Wochen verwandelte sich im weiteren Verlauf des Um-
bruchs bei einem Teil der Bevölkerung in Angst vor einer
ungewissen Zukunft. Kein Wunder, denn wer hatte schon an
die Schließung der Betriebe, Einrichtungen und vieler ande-
rer Arbeitsstätten und die damit verbundene Massenarbeits-
losigkeit gedacht? Die meisten Menschen im Osten Deutsch-
lands träumten von einem eigenen Geschäft, dem neuen
Haus, einem tollen Auto und dem Urlaub in Regionen, die
man nie zuvor besuchen konnte. Meine Familie neigte eher
zu einer skeptischen Haltung gegenüber der Entwicklung im
nun wiedervereinten Land. Das war nicht unbegründet, denn
mein Mann und ich standen im Zuge der Veränderungen bald
beide ohne einen Arbeitsplatz vor dem beruflichen „Aus".
Wir mussten unser bisheriges Leben ändern und neu ordnen.

Zum Zeitpunkt des Mauerfalls arbeitete ich in der Bibliothek des VEB Mikroelektronik Stahnsdorf. Die Tätigkeit dort hatte ich erst Anfang des Jahres 1989 nach einem Wechsel aufgenommen. Mein Wunsch war es, bis zum Eintritt in die Rente in dieser Einrichtung der Welt der Bücher zu verbleiben. Doch die Wende machte einen Strich durch meine Rechnung! Bis zum Sommer 1991 zog sich der Abschied von den Kolleginnen, Lesern und den vielen interessanten Büchern hin. Zuerst schickte man die älteste von uns drei Frauen vorzeitig in die Rente. Dann folgte die Verabschiedung der Leiterin in den Vorruhestand, einer bis dahin unbekannten Form des Arbeitslebens. So blieb ich als Einzige in dem vereinsamten, für Besucher geschlossenen Bibliothekshäuschen zurück. Meine Aufgabe war es, den vorhandenen Buchbestand in große Pappkartons zu verpacken. Er sollte von der Gemeindebibliothek in Stahnsdorf übernommen werden. Tag für Tag füllte ich nun die Kartons und beschriftete sie mit Angaben zum Inhalt darin. Manches Mal kullerten mir die Tränen über die Wangen... Diese unwirkliche Situation hätte ich mir nicht einmal im Traum vorstellen können. Und wofür das alles? Der Bücherschatz landete eines Tages auf der Müllhalde!!! Nach einiger Zeit hieß es dann, für immer Abschied von der Tätigkeit in meinem letzten Betrieb zu nehmen. In vielen Bereichen entließ man die Angestellten in die Arbeitslosigkeit und eine Zukunft ohne Perspektiven für einen Neuanfang.

So erging es mir nach einem bis dahin ausgefüllten Arbeitsleben auch. Es war einfach unfassbar, sich in die Masse von Arbeitslosen einreihen zu müssen. Aber mir blieb nichts anderes übrig, als der Gang zum Arbeitsamt. Zu diesem Zeitpunkt gab es bereits die ersten ABM-Stellen, um vielen Betroffenen eine Beschäftigung anzubieten. In diesem Rahmen bekam ich die Möglichkeit, in Teltow in einer Sozialstation zu arbeiten. Dort konnte ich meine Berufserfahrungen als Kindergärtnerin sowie der Tätigkeit in der Bibliothek erfolgreich einsetzen. Als Verantwortliche für den Aufbau einer Mutter-Kind-Gruppe stürzte ich mich voller Elan in die neue Aufgabe. Dazu kam die Einrichtung eines Raumes zur Ausleihe von Büchern an die Bewohner des Hauses. In dem Gebäude befanden sich - außer der Sozialstation - auf zwei Etagen behindertengerechte Wohnungen. So konnte ich die Zeit der Arbeitslosigkeit für einainhalb Jahre als ABM-Kraft überbrücken.

Bald suchte der Landkreis Potsdam-Mittelmark dringend Personal für die neu eingerichteten Ämter in den Behörden. Aufgrund des Fachkräftemangels in diesen Bereichen bekamen auch Bewerber ohne spezielle Ausbildung die Möglichkeit, einen Arbeitsplatz zu belegen. Meine Bewerbung für eine Stelle als Mitarbeiterin im Sozialamt Teltow hatte Erfolg. Drei Monate intensiver Vorbereitung mit Computerkurs, Studium der gesetzlichen Bestimmungen und Teilnahme an den Sprechzeiten folgten. Dann konnte der Einstieg in die neue Arbeitswelt beginnen.

Mit dem Personenkreis, den ich von diesem Zeitpunkt an selbständig übernahm, lag eine schwierige Aufgabe vor mir. Die täglichen Herausforderungen belasteten mein Leben außerordentlich. Selbst im Schlaf verfolgten mich die Probleme und oftmals schweren Entscheidungen für die Menschen, die Hilfe suchten. Diese Tätigkeit forderte meinen vollen Einsatz, sowohl physisch als auch psychisch. Sie war in meinem bisherigen Berufsleben die schwerste von allen Leistungen. Zu meinem Glück bekam ich die Möglichkeit, nach zehn Jahren eine Altersteilzeit in Anspruch zu nehmen. Damit konnte ich drei Jahre vor dem Eintritt in die Rente die damit verbundene Freizeitphase beginnen. So endete nach 45 Arbeitsjahren mein wechselvolles Berufsleben. Meine Devise für den neuen Lebensabschnitt: Das Leben mit all seinen Annehmlichkeiten in vollen Zügen genießen ….

Hannelore Wolf, Januar 2024

Wendegeschichten

TEIL I

Aufgewachsen bin ich - wie es einige Leser und Leserinnen der Perlengeschichten schon wissen - in Brandenburg und zwar in Wriezen im Krankenhaus, übrigens nebenbei bemerkt am selben Tag und selben Ort wie Conny Froebes, die jeder zu unserer Zeit durch ihr Kinderlied: „Pack die Badehose ein..." kannte.

Meinen Eltern gehörte die große Wassermühle von Altfriedland, die Damm-Mühle, die sich schon über Generationen im Besitz der Vorfahren meiner Mutter befand.

Mein Vater war gelernter Landwirt, aber als er sich in meine Mutter verliebte, beschloss er, das Handwerk des Müllers zu erlernen, um mit meiner Mutter die Damm-Mühle leiten zu können. Zur Mühle gehörte eine Landwirtschaft, die auch bewirtschaftet werden musste. Für meinen Vater waren es die schönsten Jahre seines Lebens, die er als Müller am Fluss des Stöbbers verbringen durfte, wie er es uns immer und immer wieder erzählte. Leider wurde die Mühle im Krieg zerstört, mein Vater kam in Gefangenschaft und meine Mutter ging mit uns „Kleinen" und der Oma auf die Flucht.

Wir fanden letztendlich nach einem schwierigen Treck, wobei mein großer Bruder, erst fünf Jahre alt, von einem Leiterwagen gefallen war und sich seinen Oberschenkel gebrochen hatte, Unterkunft in einem Dorf. Dort hatten sich die Brüder meines Vaters auch angesiedelt. Später zogen wir dann in

einen Ort, wo mein Vater eine Wassermühle pachten konn-
te. Dann aber wurden meine Eltern von dem Landarbeiter,
der das Land der ehemaligen Damm-Mühle bearbeitete und
deshalb in dem Arbeiterhaus Wohnrecht von meinen Eltern
erhalten hatte, informiert, dass er die Landwirtschaft der
Mühle nicht mehr allein bewirtschaften könne. Meine Eltern
zogen mit uns deswegen also dorthin, nach Altfriedland.

Dieses Zweifamilienhaus, was mein Großvater mütterlicher-
seits 1920 für die Arbeiter hatte bauen lassen, war sehr klein,
für eine sechsköpfige Familie war nicht mehr genug Platz
zum Schlafen da, so dass meine Oma immer mit einem von
uns beiden Mädchen abends ins Nachbardorf gehen musste.
Sie nahm das Angebot einer netten Bekannten meiner Eltern
an, dort einen Schlafplatz für uns freizuhalten.

Es war keine leichte Zeit für meine Eltern. Der Krieg hat-
te vieles zerstört, Werkzeuge und Maschinen waren kaum
vorhanden, Saatgut, Nägel usw. schwer zu beschaffen. Au-
ßerdem bekamen die freien Bauern vom Staat die Auflage
von einem Soll, von kaum zu erfüllenden Abgaben. Eine sehr
schwierige Zeit, und der Gedanke reifte, das geliebte Land
zu verlassen. Es kamen noch etliche Schwierigkeiten hinzu,
die ich in diesem Rahmen nicht erwähnen möchte.

Die Familie machte sich auf nach Westberlin in ein Flücht-
lingslager.

Es begann eine sehr belastende Zeit. Wir waren zwei Jahre in
verschiedenen Flüchtlingslagern. Die Dorfbewohner von dem
Dorf, in dem mein Vater dann endlich Arbeit fand, wollten
mit Flüchtlingen nichts zu tun haben. Sie wurden gezwun-
gen, uns einen Raum für unsere Unterkunft freizugeben.

Wir waren heimatlos und entwurzelt!!

Meine Eltern verarbeiteten diese Heimatlosigkeit nie ganz. Sie sprachen immer wieder von „zu Hause".

Wir Kinder nahmen dieses Gefühl des Verlorenseins auch auf, überall waren wir Flüchtlingskinder, und überall mussten wir uns durchkämpfen.

Die Sehnsucht nach dem Dorf, in dem auch meine Eltern sich heimisch gefühlt hatten, begleitete uns eigentlich immer. Wir hatten alles zurückgelassen, angefangen von der Lieblingspuppe bis zu unseren Freunden im Dorf. Oftmals wurden wir auch ausgelacht, wie wir etwas aussprachen, eben nicht so, wie es in der entsprechenden Gegend gesprochen wurde. Und da meine Eltern wenig Geld hatten, waren wir auch Bittsteller. Meine Schwester und ich besuchten ein Gymnasium, was damals noch Schulgeld kostete. Wir mussten einen Antrag auf Befreiung stellen, das durfte man aber nur dann, wenn man sich nichts zu Schulden kommen ließ. Also frech sein kam nicht in Frage, was ich eigentlich hin und wieder gerne einmal war.

Die Jahre vergingen, wir wurden älter, erwachsen, reifer, fanden neue Freunde, erhielten eine Ausbildung und schließlich gründeten wir unsere Familien, wir in Westberlin. Aber die Sehnsucht nach dem Verlorengegangenen blieb.

Das alles muss man wissen, um uns zu verstehen. Wir konnten nicht begreifen, dass es die Trennung eines Volkes gegeben hatte. Es waren doch Verwandte, Freunde, Nachbarn getrennt worden. Warum? Wir begriffen nicht, dass man sich damit abfinden konnte.

Mein Mann und ich bereisten mit unseren Kindern einmal die DDR, um uns meine Heimat anzuschauen. Mein Mann und auch die Kinder wollten doch wissen, woher ich stammte.

Das war alles ziemlich umständlich, aber die Kinder staunten, aus was für einer schönen Gegend ich kam.

Wir im Westen hatten unterschiedliche Einstellungen zu dem ganzen politischen Geschehen. Manche interessierte der Osten überhaupt nicht und wussten auch nicht Bescheid, in welcher Situation z.B. Westberlin sich befand.

Meine Familie hatte sich ihr Leben in Westberlin aufgebaut, und es war immer sehr schwierig, durch die Kontrollen am Grenzübergang zu kommen, wenn wir unsere Eltern und Verwandten in Westdeutschland besuchen wollten.

Aber man hatte sich drüben wie hüben „eingerichtet", wie es so schön heißt. Niemand dachte daran, dass sich die politische Situation einmal ändern könnte.

TEIL II

Es kam das Jahr 1989, die Wende, mit allen dramatischen und komplizierten Geschehnissen, die dem Ganzen voran gegangen waren. Kaum zu glauben, die Nachrichten, dass die Grenzen in Westberlin geöffnet wurden!

Wir hingen an den Radio- und den Fernsehapparaten und staunten.

Und als dann die ersten Besucher in ihren Trabis bei uns auf der Straße an unserem Haus vorbeifuhren, winkten wir ihnen zu. Sie hielten an, stiegen aus, unsicher, zögerlich, fragend und staunend zugleich. Wir fielen uns in die Arme unter Tränen, als wären dies unsere allernächsten Freunde.

Es wurde offensichtlich, dass die Bewohner der DDR schon lange darunter gelitten hatten, keine Reisefreiheit zu haben und auch in anderen Freiheiten eingeschränkt worden zu sein.

Die Begeisterung war auf beiden Seiten groß.

Aber was dann an Schwierigkeiten folgte, war nicht vorhersehbar. Wir wissen alle, wie unsensibel die Wende vollzogen wurde, und es kam zu ungewollten Komplikationen. Das war auch im privaten Bereich oftmals so, und es war sehr schmerzlich.

Auf meine Eltern kam die Frage zu, was sie mit ihrem ehemaligem Haus und Land machen sollten. Es gab die Möglichkeit, Land und Haus durch eine Rückübertragung zurückzubekommen. Sie waren ratlos und befragten dazu einen Rechtsanwalt, mit dem wir durch andere Freunde bekannt waren. Dieser erklärte ihnen, dass sie das beantragen könnten, und wenn sich herausstellen sollte, dass diese Angelegenheit vielleicht zu teuer oder aus anderen Gründen nicht durchführbar zu sein schien, könnten sie den Antrag noch zurückziehen. Mein Vater war bei der Vorstellung, dass er seinen ehemaligen Besitz zurückbekommen könnte, sehr ergriffen. Aber er und unsere Mutter fühlten sich nicht stark genug, das ganze Verfahren durchzustehen. Wer von den Kindern hätte denn überhaupt Interesse, das Land und Haus zu übernehmen, falls es eine Rückübertragung geben würde?

Wir drei Geschwister setzten uns ohne unsere Ehepartner zusammen, um zu beraten. Es ging ja um uns und unsere Ursprungsfamilie. Da meine Geschwister keine Kinder hatten, hatten sie kein Interesse an allem. Ganz im Gegenteil! Mein Bruder wollte alles, was an Flucht und all die schwierigen Jahre erinnerte, vergessen. Er stellte sich vor, dass man Haus und Land verkaufen könne, falls die Übertragung gelingen sollte, und meine Eltern könnten davon eine kleine Weltreise machen.

Auch ich wollte auf keinen Fall, dass meine Eltern belastet wären, aber ich gab zu bedenken, dass ich in einer anderen Situation wäre, weil ich Söhne hätte, und wer weiß, vielleicht würde ihnen daran etwas liegen. Und außerdem sollten wir es unseren Eltern überlassen, was sie für richtig hielten.

Mein Vater setzte das ganze Vertrauen in mich und meinen Mann, übertrug uns die ganze Angelegenheit und freute sich unglaublich, dass – wie ich schon vorher erzählt hatte – er sein Land wieder betreten könnte.

Da er meinem Mann sehr mochte und mir alles übertrug, auch die Last der Regelungen mit verschiedenen Behörden, war das für meinen Bruder ein Vertrauensbruch. Er und seine Frau brachen den Kontakt mit der gesamten Familie ab.

Es gab keinen, überhaupt keinen Kontakt mehr, meine Mutter versuchte es immer wieder. Ich litt sehr darunter. Mein Bruder und ich hatten uns besonders in der Zeit des Aufenthalts in diesem Haus sehr gut verstanden, dass alles war damit zerstört.

Der Zwist dauerte insgesamt zehn Jahre.

Meine Eltern besuchten uns oft und gerne in dem Haus, und es machte meinem Vater Spaß, den Dünger über's Land zu streuen, als wenn er wie früher den Samen über das Land verteilt hatte.

Erst als mein Vater starb, und wir unsere Mutter davon überzeugt hatten, dass sie doch meiner Schwester und meinem Bruder ihr Haus, das sie sich in Westdeutschland gebaut hatten, schon zu Lebzeiten vererben sollte, trafen wir uns nach der Beerdigung meines Vaters bei einem Anwalt. Ab da hatten wir dann endlich wieder Kontakt.

Es dauerte sehr lange, ehe das Vertrauen zwischen uns wieder aufgebaut wurde, aber letztendlich haben wir uns versöhnt. Mein Mann und ich waren immer am Wochenende und in den Ferien „draußen", später aber zogen wir nach der Beendigung unserer Arbeitszeit zum Haus, legten einen großzügigen parkähnlichen Garten an, kauften uns Schafe und Gänse, bearbeiteten den Wald und nutzten das Holz für einen großen Holzvergaserofen, der das Haus heizte, richteten eine Ferienwohnung ein, und ich erhielt ein Atelier und habe dort 18 Jahr als freischaffende Künstlerin gearbeitet.

Mein Bruder und seine Frau haben uns dann oft dort besucht. Wir sind gerne zusammen in dem nahen gelegenen See schwimmen gegangen.

Im Übrigen haben wir aus dem Haus niemanden vertrieben, das muss noch erwähnt werden, denn der Bürgermeister selbst hatte bei meinen Eltern angefragt, ob sie die eine frei gewordene Wohnung vermieten wollten. Nach dem Antrag auf Rückübertragung war er verpflichtet, unsere Eltern zu informieren.

Als mein Mann und ich dann in die eine freigewordene Wohnung zogen, wohnte nebenan eine junge Arztfamilie. Ich erfuhr von Leuten aus dem Dorf, dass der Vater der Frau bei der Stasi gewesen sei. Das verunsicherte mich zutiefst, hatte doch mein Vater eine sehr schwere Zeit in der DDR erlebt.

Auch das fügte sich zum Guten, denn die junge Frau, ihr Mann und wir führten sehr intensive Gespräche. Wir erfuhren über ihre Schwierigkeiten in der DDR und sie erfuhren etwas von uns. Das half uns sehr.

Das Vertrauen dieser Menschen war so groß, dass sie meinen

Mann baten, als ihr kleiner einjähriger Sohn an einem plötzlichen Kindstod gestorben war, die Trauerrede zu halten.

Manche ehemaligen DDR-ler hielten nichts von West-lern. Sie dachten, die aus dem Westen hätten alle viel Geld und wollten sich nun noch mehr bereichern. Nur Gespräche miteinander halfen. Sie erfuhren von uns, dass auch wir nicht viele Reisen unternehmen konnten, wir hatten zwar die Freiheit, aber nicht das Geld dafür. Ein Verständnis füreinander zu entwickeln, wenn man aus so verschiedenen Lebensumständen kommt, ist sehr schwierig. Aber es gelingt, wenn man sich nicht mit Vorurteilen begegnet und versucht, Verletzungen und Verurteilungen zu vermeiden. Das ist im privaten Bereich so, im nachbarschaftlichen Zusammenhängen so und das ist auch in politischen Zusammenhängen so.

Ganz zum Schluss möchte ich noch einmal etwas sehr Persönliches erzählen.

Wir holten unsere Eltern zu uns in die Nähe nach Müncheberg in ein Pflegeheim, als sie zu gebrechlich wurden, um sich noch allein in ihrem Haus versorgen zu können.

Als sie dann nach ein paar Jahren starben, wurden in der Zisterzienser Klosterkirche in Altfriedland die Trauerfeiern zelebriert. In dieser Kirche hatten meine Eltern ihre Hochzeit gefeiert, und meine Mutter war dort auch getauft und eingesegnet worden.

Beide Eltern wurden dann auf dem Friedhof beerdigt, wo sich das Grab des Vaters meiner Mutter befand, dem alten Müller der Damm-Mühle.

Auch das wäre ohne die Wende nicht möglich gewesen!

Hanne Pluns, März 2024

35 Jahre Mauerfall

* Wo warst du, als die Mauer fiel?
Eine Frage die wohl jeder Bürger der DDR auch nach 35 Jahren, noch blitzschnell beantworten kann. Aber meistens bleibt es nicht bei einer schnellen Antwort. Sie wird zu einer sehr persönlichen emotionalen Geschichte, da sie in unserem Gedächtnis fest verankert ist.

* Spätestens ab Herbst '89 zählte es zu den Gepflogenheiten in ostdeutschen Wohnzimmern, sich vor der Flimmerkiste über die Aktuelle Kamera im Osten und die Tagesschau im Westen einer verwirrenden Informationsflut hinzugeben.

Denn in unserem Land brodelte es mächtig, das DDR-Volk verschaffte sich Gehör in Küchen, Kirchen und auf den Straßen.

Man machte sich Luft. Mutige sprachen dass aus, was viele dachten.

Mehr und mehr Bürger verließen unser Land über die Grenzen von Ungarn, der CSSR und Polen.

Spätestens ab dem 7. Oktober, dem 40. Jahrestag der DDR, war unser kleiner gelber tragbarer Junost-Fernseher Gl von 19:30 – 24:00 Uhr bei uns durchgehend an.

Was man da sah, konnte man einfach nicht glauben. Die Führung feierte mit viel Trara und die Bürger versammelten sich zu Protestdemonstrationen um den Palast der Republik.

Zigtausende Journalisten, Fotografen aus aller Welt wurden Augenzeugen.

* Am Donnerstag, dem 9. November, saß ich in unserer damaligen rekonstruierten 3-Raum-Traumwohnung im Holländischen Viertel gemütlich auf dem Dreisitzer mit Brause und Restschnittchen. Die Kinder (7 und 3 Jahre alt) waren schon im Bett, durften, wie jeden Abend, noch eine Kassette hören. Die Tür zum Kinderzimmer blieb einen Spalt offen und der Fernsehton war entsprechend leise.

19:30 Uhr „Aktuelle Kamera", die Ansagerin gibt eine Übersicht.

> Punkt 1: ZK – Tagung
> Punkt 2: Neue Reiseregelung usw.
> Punkt 3, 4, 5, 6

Na mal hören, was damit gemeint ist, dachte ich. Ich setzte mich erst einmal gerade hin, um dieser Nachricht besondere Aufmerksamkeit zu schenken. Die Ansagerin erzählte von Schabowskis Pressekonferenz.

Schabowskis Satz, welcher die Weltlage verändern würde, nahm auch ich, gemeinsam mit nachfragenden Journalisten akustisch erst nicht wahr. Also kniete ich mich genau vor den kleinen Bildschirm, um die Kinder in ihrer Einschlafphase nicht zu stören.

Ich traute meinen Ohren nicht, war froh alles nochmal in der Tagesschau wiederholt zu bekommen.

Als Herr Friedrichs in den Tagesthemen das Unfassbare mit ersten Bildern von Berliner Grenzkontrollen untermauern konnte, nahm auch ich es weiterhin kopfschüttelnd so hin.

Eher unüblich, genehmigte ich mir erst mal einen Eierlikör.

Mein Mann hatte noch Spätschicht in einem Babelsberger

Betrieb. Ich war mir nicht sicher, ob mein Mann nicht auch nach dem Dienst „rüber macht‘. Sein Betrieb war ja nicht weit von der Grenze entfernt. Aber er kam vorbildlich um 22:45 Uhr zu Hause an.

Wir genehmigten uns noch ein kleines Sektchen und stießen auf die Freiheit an. Da Peter am kommenden Tag gleich wieder Frühdienst hatte, ging er bald schlafen. Für den nächsten Tag waren wir bei einer lieben Freundin zum Geburtstag eingeladen. So machte ich mir noch ein wenig Gedanken, wie und wann wir uns so ein Visum holen. Schließlich wollten wir am Wochenende auch „nur mal gucken" fahren.

Meine nächtlichen Überlegungen endeten mit einem ausgereiften Entschluss meinerseits. Die Polizei-Nord befand sich in der Nähe meiner Eltern in der Friedrich-Ebert-Straße, unweit von unserem Holländischen Viertel.

Somit war aus meiner Sicht erstmal ein morgendlicher Überfall bei Opa geplant, der daheim war, um auf die Kohlenlieferung zu warten. So musste er ohnehin in Alarmbereitschaft sein. Denn, wenn man das Klingeln nicht hört, sind die Jungs ganz schnell beim nächsten Kunden und im Winter sitzt man mit Pelzmantel in der Wohnung.

Für den Freitagabend hatten wir schon meine Mutti bestellt, die auf die Kinder aufpassen durfte, während wir zum Geburtstag in der Jägerstaße wollten.

Am Morgen des 10.11. erklärte ich meinem Sohn, dass er heute nicht in die Schule müsse. Das verstand er nicht so ganz, hatte aber keine größeren Einwände.

„Wir gehen stattdessen gleich zum Opa und dort wartet ihr alle auf die Kohlen". „Oh toll, freute sich klein Marie". Punkt 8:00 Uhr läuteten wir bei Opa Klingelsturm. Er sprang mit Hauslatschen gleich ins Treppenhaus, wollte runter zum Keller und wurde ausgebremst. Erstaunt und freudig schaute er auf die Knirpse. Ich meinte, er möchte bitte mal aufpassen, da ich kurz zur Polizei wegen Visum usw. muss.

Dort angekommen, war schon eine riesige Menschenschlange in guter Laune versammelt. Alle redeten durcheinander. Noch standen wir auf den Stufen vor dem Eingang. Nach 40 Minuten ging es in einen kleinen Raum, in welchem sich nun eine Menschenschnecke eng hintereinander bildete. Einige Personen genossen das Privileg einen Sitzplatz auf den wenigen Stühlen zu erhaschen. Es sei ihnen gegönnt, dachte ich. Natürlich ging es auch nur im Schneckentempo voran. Das Wichtigste in diesem kleinen, zunehmend miefigen Raum war, dass man seine Nummer zog.

Ich hatte die 41 und konnte zu dieser Zeit noch nicht absehen, wie der Vormittag auf der Behörde so ablaufen würde. So war ich während der Gesamt-Wartezeit mindestens 3x zu den Kindern geflitzt.

Um 10:00 Uhr standen die Kids mit Opa draußen und zählten gemeinsam die Kohlensäcke. Ich bat meinen Vater, bei Gelegenheit in Peters Betrieb anzurufen, um ihm mitzuteilen, dass er in der Mittagspause mal seinen Ausweis zu mir bringt.

Nachdem ich 11:40 Uhr nur noch 7 Personen vor mir hatte, erklang ein lauter Ruf vom Schalter. „Die Stempelfarbe ist alle". Allgemeines Entsetzen und Resignation und Wutausbrüche machten sich in den Gesichtern der noch Hoffenden breit. Natürlich wurde eine Lösung gefunden, allerdings weiß ich nicht mehr welche. Der Ausweis meines Mannes kam noch rechtzeitig an.

Um 12:30 Uhr holte ich, nach einem kurzen politischen Plausch mit meinem Vater, die Kinder wieder ab und wir aßen zu Hause Nudeln. Gegen 17:30 Uhr kam die Omi für die abendliche Kinderbetreuung vorbei. Sie war als Lehrerin auch von der Tatsache sehr überrascht, dass am Freitagvormittag kaum Schüler in der Schule waren.

Inzwischen hatte es sich herumgesprochen, dass abends die Glienicker Brücke geöffnet wird. Aber wir hatten ja nun eine Geburtstagseinladung. Und sicher würde es ein unvergesslicher Geburtstag werden, mit vielen Diskussionen, Plaudereien und Sektchen.

Ca. 18:30 Uhr verabschiedeten wir uns von unseren Kindern und meiner Mutti und gingen zu meiner Freundin Doro in die Jägerstraße. Dort angekommen, nahmen wir ein Geschnatter, wie im Entenstall, wahr. Und wir schnatterten einfach mit.

Wir plünderten das Buffet, tranken und schauten auf ein größeres Fernsehbild. Zwischen allen Gästen saß ziemlich unscheinbar Doros Mutti im Sessel, schaute ebenfalls auf den laufenden Bildschirm und wackelte nur mit dem Kopf. Ja, es war einfach nur verrückt. Es wurde gezeigt wie die Brücke geöffnet wird und teilweise konnten wir auch bekannte Gesichter aus Potsdam erkennen.

Plötzlich schreckte die Mutti auf und meinte: „Was sitzt ihr hier noch rum, macht euch davon, ich passe auf die Jungs (Doros Kinder) auf". Wir waren sprachlos, plötzlich sprang der Funke über, alle wollten los.

Oh je, unsere Ausweise waren zu Hause.

Peter holte sie noch schnell, unter dem Vorwand, dass er seine Zigaretten vergessen hätte. Meine Mutter durfte nicht wissen, was wir vorhatten. Sie hätte uns mit allen Mitteln davon abgehalten und wenn sie die schlafenden Kinder wieder aufgeweckt hätte.

Gegen 20:30 Uhr zog die gesamte Geburtstagsschar von ca. 15 Leuten los. Alle nahmen noch etwas Proviant sowie 2-3 Flaschen Sekt in die Hände und das Abenteuer begann. Am Platz der Einheit drängten wir uns noch in eine rappelvolle Straßenbahn, welche zur Glienicker Brücke fuhr.

An der Endhaltestelle stiegen wir mit etwas Luftnot aus und zogen eingehakt zur Grenzkontrolle. Die Grenzhäuschen waren schon in Sichtweite, abertausende Menschen jubelten durcheinander, ließen die Korken knallen, fielen sich um den Hals, weinten und lachten gleichermaßen.

Nachdem wir die Mitte der Brücke überquert hatten, die Ausweise gar nicht kontrolliert wurden und uns die Menschen von drüben mit Gejohle, Bananen und kleinen Geschenken, sowie Plakaten empfingen, musste ich doch kurz stoppen. Einen Moment meinte ich, diesen Wahnsinn für mich zu anhalten zu können. Aber ich wurde mit meinem Mann einfach von der Masse mitgerissen. Fremde Menschen von der anderen Seite begrüßten uns mit tosendem Applaus, einige verteilten kleine Willkommensgeschenke oder drückten uns 5 DM in die Hände.

Ich fühlte mich wie in einem Film. Rein in einen gelben Doppeldeckerbus, raus aus dem Bus, rauf auf den Bahnsteig. Es gab kein Zurück mehr. Eine S-Bahn fuhr ein, fröhliche Menschenmassen stiegen aus. Ich erkannte 2 Leute aus Potsdam. Sie kamen schon wieder zurück. Sie riefen uns zu: „Einfach mal zum Zoo fahren und wieder zurück, Wahnsinn!" Sie machten mir MUT. Man kommt also auch wieder zurück, zumindestens bis Wannsee.

Kaum waren die Menschen draußen, zwängten sich wieder alle in die leere S-Bahn. Inzwischen hatten wir unsere Geburtstagstruppe verloren und waren auf uns allein gestellt. Ich dachte die ganze Zeit an die Kinder, von denen wir so weit entfernt waren und ob das alles hier gut geht.

Haltestelle Zoologischer Garten.

Es wurde weitergegrölt, wir strömten mit allen die Treppe runter und dann traten wir aus dem Bahnhofsgebäude, schnappten nach Luft und trauten unseren Augen nicht.

Da war er, der „goldene Westen". Leuchtreklamen, die uns schon herzlich begrüßten, Karstadt, Café Kranzler, die Gedächtniskirche, der Zoopalas - alles in kunterbunten Farben. Unüberhörbare Hupgeräusche vieler Trabbis, schreiende Zeitungshändler, Menschen, die sich in den Armen lagen. Sie weinten, lachten, tanzten.

Es war der 10. November, wir schlenderten um 22:30 Uhr über den Ku'damm. Ich schnappte eine „Bildzeitung", von der etliche Exemplare auf dem Bürgersteig hochgestapelt lagen, um ein Beweisstück mit nach Hause zu bringen.

DIE MAUER IST WEG! GANZ BERLIN FEIERT! So oder so ähnlich. Ich hatte zwar noch keinen Stempel im Ausweis, aber eine Zeitung vom Ku'damm. Das reichte für den Anfang, wir wollten dann, nach 30 Minuten über'n Ku'damm schlendern, doch lieber nach Hause, falls um Zwölf die Grenze wieder zumacht und alles einfach nur ein Traum war.

Unsere Rückfahrt verlief reibungslos, wenn man die menschliche Tuchfühlung in der Enge verkraften konnte. Von der Glienicker Brücke bis ins Holländische Viertel waren es nochmal zügige 30 Minuten, die wir im Laufschritt nach

Hause absolvierten. Um 0:45 Uhr waren wir schon von der „Geburtstagsfeier" zurück. Leider kamen wir nicht mucksmäuschenstill durch unsere Wohnungstür, so dass wir der Mutti gleich noch „Guten Morgen" sagen konnten. Wir gaben ihr die Zeitung und erzählten kurz und knapp von unserer abendlichen Kurztour in den Westen. Sie nahm die Zeitung am nächsten Morgen mit nach Freiberg, wo sie bereits einen Wochenendbesuch bei ihrer Mutti, ihrer Schwester und ihrem Schwager geplant hatte.

Auch in Sachsen war man ganz von den Socken, welches Beweisstück vom Ku'damm meine Mutti da mitbrachte, ins „Tal der Ahnungslosen".

Vor uns lag eine spannende Zeit – die Wendezeit.

Liane Zimmermann, Februar 2024

Resümee nach 35 Jahren

Nach dem Mauerfall begann für unsere ganze Familie eine höchst abenteuerliche Zeit, eine Zeit der Ungewissheit, der Orientierungslosigkeit, aber auch der Neugier auf die Herausforderungen, die das Leben ab jetzt in der Freiheit bereithält.

Während mein Mann bis zum Eintritt ins Rentenalter (1.1.24) seinem Betrieb, im Osten wie im Westen treu blieb, begab ich mich aus der liebgewonnenen „Hausfräulichkeit" und 3jährigen Kinderbetreuungszeit auf neue Berufsfindung.

Ich möchte eine positive Bilanz meiner vergangenen 34 Lebensjahre als Westbürgerin ziehen.

Ich habe gelernt, Hemmungen, Selbstzweifel und Schüchternheit gegen Hoffnungen, Mut, Optimismus, Experimentierfreudigkeit u n d jede Menge Selbstbewusstsein einzutauschen.

Über einige Umwege habe ich ab 1998 meine eigene kleine Musikschule im Holländischen Viertel eröffnet, um mit jeder Menge Musikspaß, Kinder auf den Instrumenten Blockflöte, Klavier und Gitarre zu unterrichten. Inzwischen betreibe ich gemeinsam mit meiner Schwester und meiner Tochter erfolgreich die Musikschule „Zimmermann/Hill" in der Baumblütenstadt Werder/Havel auf unserem eigenen Grundstück. Die Wende ermöglichte auch unseren Kindern das Ablegen des Abiturs und somit die Möglichkeit, ein Studium aufzunehmen. Besonders die Ferien - Reisen nach Holland und Dänemark - waren für die Kinder und uns ein Gewinn der grenzenlosen Reisefreiheit.

(Lebensstationen ab 1989)

11/89 Kursleiterin PEKip in Steglitz,
 1/90 Kinderbetreuung in unserer Wohnung,
 9/90 Reisegewerbe für Spielwaren, Markthändlerin
 5/91 Arbeitslosmeldung beim Arbeitsamt
　　　 Bildungsmaßnahme: Orientierungskurs zur Ver-
　　　 besserung der Berufschancen und
　　　 Kurs zur Touristikassistentin bei der Urania Pots-
　　　 dam
　　　 ABM Maßnahme im Jugendclub Teltow
 8/92 – 9/93 Bildungsreferentin beim Pfadfinderring
10/ 93 – 9/98 Instrumentalunterricht daheim
10/ 98 – 9/08 Musikstube im Holländischen Viertel
Seit 9/ 2000 parallel Aufbau der Musikschule in Werder)

Liane Zimmermann, 2024

Die "Wende" gewendet im Rückblick

War das ein Jahrhundert. Ein Jahrhundert voller unvergesslicher Ereignisse. Zwei Weltkriege. Einer schlimmer als der andere. Jeder brachte unvorstellbares Leid. Der zweite hinterließ nach seinem Ende ein geteiltes Deutschland. Geteilt nach den Himmelsrichtungen: Osten – Westen. Die in vielen Konferenzen festgelegte Grenze zwischen den Himmelsrichtungen wurde immer dichter. Die Hoffnung, auf eine Einigung wurde immer geringer und erlosch mit der vom Osten am 13. August 1961 in Berlin gebauten Mauer. Der Osten hatte sich inzwischen zu einem extra Staat entwickelt und nannte sich "Deutsche Demokratische Republik" – kurz DDR und wollte den Sozialismus aufbauen. Während der Westen sich dank der Unterstützung der befreundeten Länder rapide aufwärts entwickelte, war das Leben in der DDR von vielen Einschränkungen gezeichnet. Bürger, welche die DDR verbotener Weise verlassen wollten, haben den Versuch der Überwindung der Mauer und der anderen Grenzbefestigungen oft mit ihrem Leben bezahlt.

Doch dann geschah im November 1989 das Wunder. Die Grenze wurde geöffnet. Die Mauer wurde u. a. in kleinen Teilen von den Menschen (im Volksmund „Mauerspechte") abgetragen. Es war das größte Ereignis – die "Wende".

Es war unvergesslich. Jubelnde Menschen lagen sich in den Grenzgebieten in den Armen. Ostdeutsche Grenzpolizisten standen etwas ratlos in der Gegend. Wurden aber dann doch von der Euphorie mitgerissen. Es war das größte freudige Ereignis des Jahrhunderts.

Doch für viele Menschen kam nach der Freude das böse Erwachen. Viele Bürger hatten ja als Flüchtlinge die DDR verlassen. Ihre Häuser wurden natürlich, auch in der DDR gab es Wohnungsnot, wieder belegt. Nun kamen die Besitzer zurück und die Rückübertragung war oft nicht gerade die "Feine Art". Am schlimmsten war, dass die Großbetriebe geschlossen wurden und tausende Menschen schlagartig arbeitslos wurden.

Persönlich hatte ich Glück. Ich arbeitete in einer großen Einrichtung des Gesundheitswesens. Die konnte man, obwohl man es wollte, nicht einfach schließen. Dazu kam, dass ich in der Gewerkschaft (FDGB) organisiert war. So wandte ich mich zur Unterstützung meiner Kollegen an die zuständige Gewerkschaft, die ÖTV. Die hat uns in jeder Hinsicht unterstützt. Es gelang uns, unsere Einrichtung in ähnlicher Form zu erhalten.

Was mir sehr zu schaffen machte, war jedoch der Umgangston von den uns unterstützenden westdeutschen „Beratern". Nun ja – das habe ich für mich und auch für einige Kollegen, oft gerade gerückt.

Eine familiäre Begegnung wäre beinahe handgreiflich ausgegangen, wäre nicht meine alte Tante, die wir nach der jahrelangen Trennung besuchten, dazugekommen. Wir hatten Tante und Onkel, beide Mitte achtzig, besucht. Mussten die Erfahrung machen, dass die alten Rentner noch in der Wohnung, die ich noch von vor der Mauer kannte, wohnten. Sogar mit den gleichen Tapeten, denn die Renten waren auch im sonnigen Westen zum Leben zu wenig aber zum Sterben zu viel. Nun war bei den beiden die Schwiegertochter zu Besuch als wir kamen. Mein Mann und ich hatten es übernommen, alle zwei Wochen bei den „Altchen" sauber zu machen. Da sagte mir doch die Schwiegertochter, ihres Zeichens Reinigungskraft, aber nur gegen Bezahlung, dass ich ja nun endlich arbeiten lernen müsste. Immerhin war ich leitender Mitarbeiter und stellvertretender Geschäftsführer unser Gesundheitseinrichtung und mir nicht zu schade bei meinen alten Verwandten zu putzen. Eine Kollegin erzählte mir dann einmal, dass ihr Bruder von ihr verlangte, dass sie die Kosten für die Westpakete, die er geschickt hatte, dem Erbteil am Haus der Mutter, welches sie mitbewohnte, zuschlagen müsste. Ich möchte es bei den Beispielen belassen. Es gäbe noch viele im Kreis meiner Kollegen und Bekannten. Diese sind zwar auch die Grundlage der Politik, doch wie man in der heutigen Zeit erkennen muss, gibt es in jeder Himmelsrichtung sehr viele Bürger, die mit Ellenbogen nur an ihren eigenen Vorteil denken. Zu lange wurde geschwiegen, statt offen zu diskutieren. Man kann nur hoffen, dass die Aufarbeitung der Gegensätze und des kulturellen Lebens der DDR nicht zu spät erfolgt, um den Rechtsradikalismus erfolgreich zu stoppen.

Eva Maria Kluck, 2024

Das Jahr 1989

Wir haben das Jahr 2024 und es sind jetzt 35 Jahre vergangen.

Das Jahr 1988 endete für mich mit einem schönen Ereignis. Ich habe am 01.12.1988 den Kaufvertrag für unser Haus unterschrieben und war somit mit meinen 24 Jahren Hausbesitzerin. Ist kein allein stehendes Haus, sondern eine Doppelhaushälfte mit einem kleinen Garten.

Das Jahr 1989 begann für mich auch sehr schön. Ich erfuhr im Januar, dass ich ein Kind bekommen werde. Da ich im 3-Schichtsystem arbeitete, musste ich meinen Arbeitgeber darüber informieren, denn ab jetzt durfte ich nur noch im 2-Schichtsystem arbeiten. Im August war es dann soweit. Mein Termin war schon überschritten und so sollte ich am 25. August zur Geburtseinleitung kommen.

Der Sommer war sehr heiß, aber in der Nacht gab es, durch ein Gewitter, eine kleine Abkühlung. Man sagte, diese schnellen Temperaturunterschiede könnten Auswirkung auf den Körper haben. So war es auch. Um 4:30 Uhr war ich in der Klinik und um 9:45 Uhr war mein Sohn geboren. Die Schwester meinte zwar, zum Schichtwechsel könnte ich es geschafft haben, aber es zog sich doch noch hin und es musste „nachgeholfen" werden.

In dieser Nacht und am Tage gab es sehr viele Geburten in diesem Krankenhaus.

Eine Krankenschwester sagte mir, dass an diesem Tag Erich Honecker Geburtstag hat und man könnte Glück haben, dass er Patenonkel wird. Denn es gäbe da wohl eine Regelung. Wir wurden verschont. Dann war dieser Tag auch noch der Hochzeitstag meiner Schwiegereltern in spe. Im Zimmer waren wir 3 Frauen. Ich zählte, mit meinen 25 Jahren, schon zu den Spätgebärenden, die eine war 17 Jahre alt und bekam einen Vormund und die andere war 22 Jahre alt und hatte das zweite Kind bekommen.

Da es ja nicht immer Südfrüchte gab, außer grüne, kubanische Apfelsinen, war es immer etwas Besonderes, wenn es Bananen gab, dann stand man natürlich auch an.

So ergab es sich, dass ich im Gemüseladen stand und Bananen kaufen wollte. Die Verkäuferin sagte mir, dass sie nur 2 Bananen pro Kind abgeben würden. Ich sagte, dass ich ein Kind habe und es bei der Oma ist. Da musste bzw. sollte ich meinen Personalausweis vorzeigen, denn dort war das Kind eingetragen. So ein Glück.

Das sollte sich, mit der „Anstellerei", aber bald ändern.

Am 9. November war dann der Tag aller Tage. In der „Aktuellen Kamera", so die Abendnachrichten des DDR-Fernsehens, sprach man von Reisefreiheit. Was sollte das denn jetzt bedeuten? Es gab in den Westnachrichten, die man ja eigentlich nicht schauen durfte, Bilder und Berichte von tausenden Menschen, die zur Grenze eilten.

Ich und mein 2 ½ Monate altes Kind blieben zu Hause. Mein Mann wohnte damals noch nicht bei uns.

Mit einem Visa-Eintrag im Personalausweis durfte man in den „Westen" reisen. Also stellte ich mich bei der Polizei an, um diesen Eintrag zu bekommen. Das hat Stunden gedauert. Meinen ersten Besuch machte ich zusammen mit meiner Mutter und meinem Sohn, drei Tage später. Es ging nach

Berlin zu meiner Tante und meinem Onkel. Da wir an einem Wochentag unterwegs waren, waren die Busse nicht zu überfüllt. Mit dem Bus fuhren wir zum Kontrollpunkt „Drei Linden", dort mussten wir umsteigen. Ob wir kontrolliert wurden, weiß ich nicht mehr. Aus dem Bus raus, in den anderen rein und ab nach S-Bhf. Wannsee. Mit der S-Bahn ging es dann nach Lichterfelde West.

Es gab für jeden DDR-Bürger ein Begrüßungsgeld in Höhe von 100,- DM. Da meine Mutter und mein Vater bereits in Berlin waren, hatte sie ihr Geld schon in der Tasche.

Nun ging es zu einer Bank, um das „Begrüßungsgeld" für meinen Sohn und für mich abzuholen. Am Schalter wies ich mich mit meinem Ausweis aus. Die Dame fragte mich, wo denn das Kind ist. „Draußen im Kinderwagen, bei meiner Mutter" antwortete ich. Sie wollte es sehen und ging mit mir vor die Tür, schaute in den Wagen und stimmte mir zu. Das Geld wurde mir nun ausgezahlt und wir drei machten uns auf den Weg zu meiner Tante und meinem Onkel.

Wir kamen an einer Drogerie vorbei und ich wollte unbedingt Pampers für mein Kind kaufen, die waren so schön bequem anzuziehen. Außer diesen Windeln kaufte ich mir noch einen Pullover und meine Mutti suchte ich auch einen aus, aber mit einem anderen Motiv.

Angekommen, freuten wir uns alle, uns mal so schnell wiederzusehen.

Nun mussten die Windeln ausprobiert werden. Mein Onkel übernahm gern diese Aufgabe. Leider kannte er sich nicht so aus und hat die erste Windel falsch benutzt und die Kleber klebten jetzt nicht mehr. Zum Glück, hatte ich meinem Sohn einen Schlüpfer über die gute alte DDR-Variante angezogen und so hielt die gute neue Westwindel doch noch. Ich war ganz schön sauer, denn die Windeln waren nicht gerade preiswert.

Wir hatten trotzdem einen schönen Tag und fuhren am späten Nachmittag wieder den gleichen Weg zurück. Ich fand das alles auch ziemlich aufregend. Mein erster Besuch im „Westen". Es gab ja bereits 2 Einladungen zu den runden Geburtstagen von Tante Hilmar und von meiner Tante Ellen, aber leiden durfte ich nicht fahren.

Meinem Mann, damals waren wir noch nicht verheiratet und er wohnte noch nicht in Potsdam, erzählte ich am Wochenende davon. Ich sagte ihm, dass sein Sohn auf das Begrüßungsgeld sch....

Am nächsten Tag gingen wir dann zur Polizei, damit er sich auch den besagten Stempel für den Personalausweis abholen konnte.

Eine Woche später, machten wir beide uns dann auf den Weg. Wir fuhren mit dem Bus bis zur letzten Haltestelle, dort mussten wir dann umsteigen in den Bus zum Kontrollpunkt. Auf der Fahrt sahen wir an den Zwischenhaltestellen immer eine Traube von Menschen, die auch auf den „Zubringer" warteten. Wir warteten geduldig und fragten uns jedoch dabei, ob wir überhaupt mit den nächsten Bus mitkommen würden.

Vom Kontrollpunkt kam bereits ein Bus zurück und fuhr in Richtung Potsdam. Das war ein Lila-Doppelstockbus, mit besagter Werbung für die bekannte Schokolade. Ach – war der schön leer.

Dann geschah etwas ganz Tolles. Der Bus hielt an, ließ die Leute aussteigen und wendete auf der schmalen Straße, hier gab es auch noch die Oberleitung vom O-Bus. Es war wohl ein erfahrener Fahrer, denn das Manöver klappte hervorragend. Er hielt an unserer Haltestelle. Viele Leute haben geklatscht und wir konnten alle einsteigen ohne Drängelei. Die Fahrt und die Kontrolle verliefen reibungslos. In Wannsee angekommen, überlegten wir, was wir machen. Wir fahren mal zu unserer Tante Hilmar. Da wir nicht wussten, wo sie wohnte, nur dass man S-Bhf. Mexikoplatz aussteigen musste, fuhren wir erst einmal los. Dort angekommen gingen wir zu einer Telefonzelle und schauten im Telefonbuch nach. Handys gab es ja noch nicht. Da ich schon Kleingeld besaß, konnten wir auch gleich anrufen, um zu fragen wo sie wohnt und ob wir sie besuchen kommen dürfen. „Na, klar", sagte sie „ich freue mich und ich komme euch entgegen". Neben der Telefonzelle war eine Postbank und so sind wir dorthin gegangen und haben das Begrüßungsgeld für meinen Mann abgeholt. Auf dem Weg, der genannten Straße, kam uns Tante Hilmar entgegen. Sie lud uns auf ein Kaffee ein und zeigte uns ihr Zuhause.

Unser Plan war, dann anschließend in die Schloßstraße zu fahren, um uns die Geschäfte und Kaufhäuser anzusehen. Danach wollten wir dann weiter zu meiner Tante Ellen und meinem Onkel Ralf. Tante Hilmar rief dort an und fragte nach, ob wir vorbei kommen können. Wir staunten über ihr Telefon, es war in einem grünen Samtbezug und dieser hatte bunte Blümchen.

Als wir dann unterwegs waren, verspürten wir Hunger und gönnten uns - jeder - ein üppig belegtes Baguettebrötchen, für je 6,- DM. Das war ganz schön teuer und im Nachhinein hätte auch eins gereicht, da es wirklich groß und gut belegt war. Die Straßen und Geschäfte waren voll und wir entschieden uns, dann bald den Besuch anzutreten. Von meinem ersten Besuch her, wusste ich ja wo meine Tante und mein Onkel wohnten und mit welchem Bus wir fahren müssen. Beide freuten sich sehr, uns zu sehen.

Sie haben uns zum Essen, bei einem Italiener, eingeladen. Das war für uns schon eine neue Küche. Meine Tante sagte dann „probiere doch mal das, das oder das." Die Auswahl war so groß und ich kannte mich da gar nicht aus. Zur Vorspeise aß ich einen gebackenen Camembert mit Preiselbeeren, ich war schon satt. Dann aßen wir eine Pizza. Mir war schon schlecht, aber es ging noch ein Bananensplit rein. Nun war aber endgültig Schluss. Wir saßen noch eine Weile beisammen und dann fuhren sie uns nach Kohlhasenbrück zum Grenzübergang. Der war mir neu, aber wir kamen dort rüber. Meine Tante und mein Onkel warteten noch im Auto, falls wir da nicht rüber gekommen wären, hätten sie uns wo anders hingefahren.

Ein aufregender Tag ging zu Ende.
Ja und ab jetzt war alles ganz anders.

Mitte Dezember zog mein Mann nach Potsdam. Wir waren jetzt komplett.
Das Jahr 1989 endete wieder mit einem schönen Ereignis.

Ellen Wutschik, April 2024

Der einsame 9. November 1989

Es war ein ruhiger Morgen. Er begann wie immer um 5:55 Uhr mit „Pauken und Trompeten", einem einzigen schrillen Pfiff – ein Traum. Sofort raus aus dem Bett und 5 Minuten später – antreten in Sportzeug vor der Tür. Kurzes Sportzeug natürlich. Zum Frühsport und – weil es so schön war – auch noch Kraftübungen. Zum Beispiel: Kniebeugen mit einem Kettenglied (ca. 25 Kilo), da bekam fast jeder dicke Backen vom Luftanhalten. Was soll's, man fügte sich. Ich war Grundwehrdienstleistender der NVA.

Trotz aller Routine – an diesem Morgen war alles irgendwie anders. Ruhig. Eine sehr merkwürdige, fast lauernde Ruhe. Nichts war greifbar, es gab keine Informationen.

Für mich ging es weiter mit Wachbelehrung und danach bezog ich meinen Posten für 48 Stunden Wachdienst. Das bedeutete: 4 Stunden Wache, 1 Stunde Schlaf, 1 Stunde Bereitschaft, dann wieder im gleichen Rhythmus bis die Ablösung kam. Und so zogen wir, die letzten meines Dienstjahrgangs 1989/1990 auf Wache. Wir waren einst die stärkste Truppe der Kaserne. Die BPO – Bereitschaftspolizei. Wir hatten alles, auch viele Freiheiten. Mal salopp gesagt: 78 kleine „Ossi-Rambos".

Die Stunden vergingen, aber es war alles zäh und die Ruhe fast gespenstisch. Niemand hatte eine Ahnung, was „draußen" vor sich ging. Eigentlich befand sich auf Wache ein verplombtes Radio, aber selbst das hatte man abgeholt. Keine Nachrichten, keine Infos. Plötzliches Urlaubs- und

Ausgangsverbot.

Uns gegenüber war eine Kaserne mit russischen Soldaten. Auch bei ihnen war es totenstill. Wie wir später erfuhren, saßen die aber schon in voller Montur in Bereitschaft und es gab einen Schießbefehl. Wir lebten in der DDR, es war kein Krieg, wir sahen die russischen Soldaten täglich (waren ja „Waffenbrüder") - und trotzdem hätten sie auf uns geschossen. Nicht auszudenken, wenn - was gewesen wäre wenn....

Die Ablösung kam nicht. Aber plötzlich kamen die Russen, übernahmen die Kaserne. Das, was wir bewachen mussten, gab es für uns nicht mehr. Wer dies alles veranlasst und auch an höherer Stelle ausgehandelt hatte? Wer weiß. Wir waren sozusagen über Nacht entwaffnet und damit endete meine letzte von 79 Wachen. Trotzdem hieß es: „Keine Besonderheiten."

Nach unserer Rückkehr in die Kaserne bot sich ein merkwürdiges Bild. Die meisten liefen wie aufgescheuchte kopflose Hühner herum und uns flogen Satzfetzen entgegen. „Mauer weg...", „Grenze offen...", „Reisen in den Westen..." und langsam begriffen wir, was in dieser Nacht um uns herum passiert sein musste.

Wie würde nun alles weitergehen? Welch ein Schwebezustand. Es kam die Idee auf, zu streiken. Warum sollten wir denn nun noch hierbleiben, es gab ja nichts mehr durch uns zu bewachen. Aber erstens hätte uns niemand von einem Streik abgehalten und zweitens hätte es wohl keinen Menschen interessiert.

Nach der Euphorie kam die Einsicht, dass wir bis zur Klärung der Verhältnisse, wohl oder übel in Mageburg/Cracau bleiben müssen.

Es machte sich Langeweile breit. Wir hatten mal auf Baustellen zu tun und auch mal in meiner Heimatstadt Berlin. Dort sollten wir die „Mielke-Zentrale" vor der „bösen" Westpresse beschützen. Aber da war schon vorher so viel herausgeholt worden, dass es für uns nur ein belangloser Ausflug war. Immerhin machten wir eine Pause in Mielkes Konzertsaal. Eine Stunde im weichen Sessel. Irgendwie unwirklich, wie vieles in dieser Zeit.

Wir wurden wieder zurückgebracht, wohl um die leere Kaserne zu beleben. Weiterhin gab es weder Urlaub, noch Ausgang.

Natürlich gab es – wie überall – auch Ausnahmen. Einige der Kameraden bekamen den Befehl (wer auch immer hier noch Befehlsgewalt ausführen durfte?) sich das Begrüßungsgeld, 100 DM, aus Helmstedt abzuholen. Selbstverständlich in Uniform. Aber was galt diese Uniform noch?

Wir anderen „kämpften" mit der Langeweile und zählten Maikäfer, versuchten uns auf dem Laufenden zu halten. Radio war wieder erlaubt.

Ach ja, die ersten freien Wahlen fanden statt. Auch wir durften unsere Stimme abgeben, selbstverständlich hatte man in Uniform zu erscheinen.

Einer unserer Kameraden sollte auch wählen: Bier oder Schnaps. Er wählte beides und reichlich und nahm dafür zwei Wochen Arrest in Kauf. Vielen war einfach alles egal. Die Soldaten, die nach uns ihren Wehrdienst antreten sollten, rückten ein, blieben maximal einige Tage und fuhren dann gleich wieder nach Hause. In der Kaserne konnte niemand etwas mit Neuankömmlingen anfangen, alles war ungeklärt.

Und so vergingen die letzten Monate, ja es waren wohl

Monate, mal gut und mal besser. Der Bart wuchs, die Kragenbinden waren schwarz wie die Nacht und hart wie ein Autoreifen. Es kümmerte niemanden. Aber man (Mann) wusste, es geht nach Hause.

P.S. Ironie der Zeit: Zwei Wochen vor der Entlassung wurde ich noch befördert zum Unterwachtmeister der Bereitschaftspolizei.
Im zivilen Leben bekam ich für 2 Wochen meinen Job wieder, dann wurde der Betrieb „abgewickelt". Durch einen Zufall bekam ich neue Arbeit bei der Post. Ich habe in meiner Freizeit viele Gegenden besucht und begonnen im vereinten Deutschland meinen Weg zu gehen. Seit 2017 arbeite ich in einer WG für demenziell erkrankte Menschen.

Frank Köppe, Juni 2024

Das glaube ich nicht –
ich gehe schlafen

Nach zwei aufeinanderfolgenden Tanzkursen bildete unser Tanzlehrer aus einigen Interessierten eine Gruppe. So hatten wir neben unseren separaten sportlichen Betätigungen auch ein gemeinsames schönes Hobby gefunden. Außerdem entwickelte sich in dieser zusammengewürfelten Gruppe bald ein starker Zusammenhalt. Viele Jahre trainierten wir zusammen und bestritten neben Auftritten zu verschiedensten Gelegenheiten im Breitensport sogar Einzel- und Formationswettbewerbe. Auch in einigen DEFA-Filmen durften wir mitwirken. So arbeiteten wir z.B. in der Coproduktion unter Franz Antel beim Johann-Strauß-Film „Der ungekrönte König" eine Woche mit einem Arbeitsvertrag als Tänzer.

Wir trainierten jeden Donnerstagabend von 18:30 Uhr bis 21:30 Uhr, so auch am 9. November 1989. Bei vielen von uns begann der Arbeitstag sehr zeitig und so waren wir nach dem Tanztraining oft erschöpft und müde.

Auf dem Weg zu unseren Autos rief uns unser Klubvorsitzender zu: „Super, wir können bald alle in den Westen reisen." Wir schauten ihn alle ungläubig an und fuhren wie gewohnt nach Hause. Dort angekommen, setzte sich mein Mann aber sofort noch vor den Fernseher.

In den Spätnachrichten der „Aktuellen Kamera" des DDR-Fernsehens wurde folgendes verkündet: „Auf Anfragen vieler Bürger informieren wir sie noch einmal über die neue

Reiseregelung des Ministerrates. Privatreisen können ohne Vorliegen von Voraussetzungen wie Reiseanlässe und Verwandtschaftsverhältnisse beantragt werden." Westreisen sind möglich, müssen also nur beantragt werden? Der Nachrichtensprecher ergänzte diese Aufforderung noch um den Hinweis, dass die Abteilungen Pass- und Meldewesen „morgen um die gewohnte Zeit geöffnet haben".

Mit dem Kommentar: „Das glaube ich noch nicht, ich gehe jetzt schlafen" verschwand ich in meinem Bett. So verschlief ich, wie viele andere, im wahrsten Sinne des Wortes - deutsche Geschichte.

Mein Mann saß dagegen immer noch aufgeregt vor dem Fernseher. Wie wir später erfuhren, machten sich Freunde von uns sofort auf den Weg zum nächstgelegenen Grenzübergang und mein Bruder fuhr sogar noch in dieser Nacht ins Sauerland. Dort befand sich unsere Mutti zu diesem Zeitpunkt bei ihrer Cousine zum alljährlichen „Rentner-Besuch". Zum Frühstück klingelte mein Bruder zum Erstaunen aller dort an der Tür, um sie ohne umständliche Bahnfahrt mit dem Auto nach Hause abzuholen.

Am nächsten Morgen, einem Freitag, begab ich mich wie immer an meinen Arbeitsplatz. Unsere Büros waren allerdings nur sehr schwach besetzt, denn an der benachbarten Polizeidienststelle wollten alle den erforderlichen Visumstempel für die Einreise in die BRD abholen.

Eine unserer Kolleginnen hat am 10. November Geburtstag. Die von ihr aus diesem Anlass mitgebrachten Speisen und der natürlich selbst gebackene Kuchen erfreuten sich sonst immer sehr großer Beliebtheit. An diesem Geburtstag hatte sie weder an der Frühstückstafel im Betrieb noch bei der abendlichen Party zu Hause zahlreiche Gäste. Sie erzählt noch heute, wie sie damals mit den Resten gekämpft hatte.

Mein Mann hatte in der folgenden Nacht im RAW Potsdam Dienst bei der Freiwilligen Feuerwehr. Mit Erstaunen betrachteten die Kameraden die vor den Fenstern der Feuerwache ununterbrochen vorbeifahrenden Westberliner Doppelstockbusse.

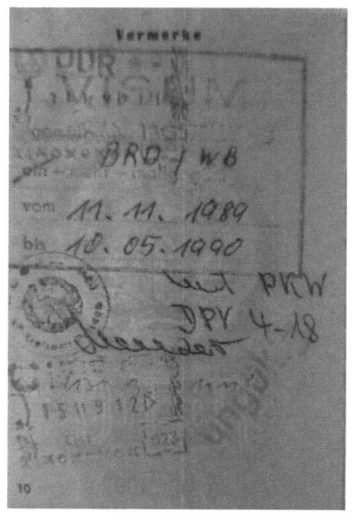

Obwohl es in einem Dienstzimmer damals streng verboten war, wurde natürlich ausschließlich Westfernsehen geschaut. Den Rückweg nach Hause trat er am nächsten Morgen nicht direkt nach Teltow an, sondern den von der Werkleitung natürlich nicht empfohlenen Weg über den „bösen Westen". Und wen hat er bei seinem Umweg in Wannsee getroffen? Seinen Werkdirektor ...

Sein stolzer Einkauf für das wenige Westgeld, das wir hatten, war eine Tafel „Ritter Sport Vollmilch Nuss" für die Mädchen und mich.

Mein erster „Grenzübertritt" fand übrigens erst am Mittwoch den 15.11.1989 statt, wie man an dem Stempel sehen kann.

Evelyn Barucker, Juni 2024

Ein Bewerbungsgespräch

Bei dem Thema „Arbeitslosigkeit" habe ich schon beim Zuhören in der Schule Gänsehaut bekommen. Für mich war das immer gleichbedeutend mit Hungern, Frieren und Betteln. Im November 1998 wurde ich das erste Mal arbeitslos. Mit fast 50 Jahren kam es mir vor wie der Weltuntergang. Ich schrieb sehr viele Bewerbungen.

Um trotz meines langen Arbeitsweges mehr Zeit für die Töchter und die Unterstützung meiner Mutti zu haben, hatte sie mir ein Jahr zuvor einen gebrauchten Renault Clio gekauft. Das Auto hatte ein tolles Schiebedach. Bei schönem Wetter war das sehr angenehm, aber bei Regenwetter auch gefährlich.
Eine der ersten Einladungen zum Bewerbungsgespräch erhielt ich aus Berlin-Zehlendorf. Es handelte sich zwar nur um eine befristete Schwangerschaftsvertretung, aber ich wollte nach jedem Strohhalm greifen.

Ich bereitete mich gut auf das Gespräch vor, informierte mich über die Firma, wählte meine Kleidung mit Bedacht und fuhr rechtzeitig mit meinem Clio los. Kurz vor dem Ziel musste ich um eine scharfe Kurve fahren. In der Gummidichtung des Schiebedachs hatte sich offenbar vom letzten Regen Wasser gesammelt. Dieses Wasser kam nun leider in Schwung und ergoss sich über meine Haare und den Blazer.
In meiner Panik fuhr ich auf den Parkplatz des nächstgelege-

nen Baumarktes, weil ich mich an das dort in der Toilette be-findlich Gebläse zum Trocknen der Hände erinnern konnte. Ich hockte mich also unter den Händetrockner und versuch-te, den Schaden so gut es ging zu begrenzen. Anschließend war ich zwar nicht mehr so nass, aber total verunsichert.

Die Stelle habe ich nicht bekommen und auch nie erfahren, woran es gelegen hatte.

Evelyn Barucker, Juni 2024

August 1989 - unsere Reise nach Budapest

Wir waren aufgeregt. Nicht nur ich, auch der Rest unserer kleinen Gruppe, die im August 1989 für eine Woche nach Ungarn wollten. Meine Eltern, mein Mann, ich und unsere Tochter, damals noch nicht ganz 6 Jahre alt. Die Nachrichten brachten jeden Tag neue Schlagzeilen.

Wir hatten durch einen Bekannten die Möglichkeit, in einem Privatquartier für eine Woche zu bleiben und Budapest zu erkunden. Alle Papiere waren vorhanden, die Flüge gebucht, das erlaubte Geld in der Sparkasse getauscht und Reise-Schecks (Gutscheine für die Gastronomie) privat und heimlich umgetauscht. Ohjeh, wo sollten wir diese „Schmuggelwährung" nur verstecken? Wir hörten von massivsten Kontrollen beim Flughafenzoll. Verdächtig waren wir ohnehin, 5 Personen aus einer Familie. Da kam sicher der Verdacht auf, ob wir vielleicht „abhauen" wollen. Zur der Zeit war die Prager Botschaft voll von ausreisewilligen DDR-Bürgern, der Generalverdacht betraf erst einmal jeden, der irgendwohin fliegen wollte.

Wir überlegten krampfhaft, wohin mit den Reise-Schecks, ich hätte mich sicher verraten, weil ich rot geworden wäre. Mein Mann nahm sie schließlich an sich, faltete sie ganz scharf und steckte sie völlig offensichtlich zur anderen erlaubten

Währung, wofür ja auch die Umtauschbestätigung vorhanden war. Was für ein Glück wir hatten. Am Flughafen wurden wir getrennt. Jeder von uns kam in eine kleine Kabine, nur meine Tochter durfte bei mir bleiben. Wir mussten einen Teil unserer Kleidung ablegen. Die Taschen wurden durchsucht, die Kinderbücher durchgefleddert, BH und Slip, sowie Schuhe und Socken abgetastet.

Mitgebrachte Brote wurden aufgeklappt. Überall wurden persönliche Papiere, Sozialversicherungsbücher, Bargeld und andere Dokumente vermutet. Alles Unterlagen, die man für eine „Republikflucht" dabei haben müsste. Es war entwürdigend, vermutlich aber gewollt. Zuerst war ich unsicher, aber nach und nach kam eine stille Wut in mir hoch. Wir hatten nichts zu verbergen (bis auf besagte Schecks) und durchaus die Absicht, nach unserem Urlaub wieder in die DDR zurückzukommen. Diese Schecks konnten in teilnehmenden Restaurants eingelöst werden. Und wir waren froh, dass wir sie dabei hatten für zwei wunderbare Mahlzeiten.

Die Prozedur war endlich vorbei und unsere Familie traf sich im Restaurant wieder. Mit stummen Blicken sagten wir uns: „Alles gut gelaufen". Wir kauften uns ein Getränk und warteten auf unseren Flug. In der Auslage entdeckte unsere Tochter „Smarties", davon wollte sie so gern eine Rolle haben. Aber die gab es nur für DM und die hatten wir leider nicht. Es war nicht leicht, ihr zu erklären, dass wir dafür nicht das „richtige" Geld haben und es tat uns leid, ihr diesen Wunsch nicht erfüllen zu können. Gottseidank wurde unser Flug dann bald aufgerufen und die Vorfreude aufs Fliegen ließ die „Smarties" vergessen. Wir hatten gute Plätze in der 4-Propeller-

Maschine IL18, konnten aus dem Fenster schauen und obwohl ich schon mal geflogen war, hatte ich als einzige ein mulmiges Gefühl in der Magengegend. Aber wir waren auf dem Weg nach Budapest. Keiner von uns konnte ungarisch, wir kannten nur die Adresse unserer Unterkunft und flogen in einer unruhigen Zeit in ein anderes Land. Aufregend alles.

In Budapest ging alles flott vonstatten, keine Zollkontrollen, nur Koffer schnappen und raus aus dem Flughafen. Die Busverbindung hatten wir uns schon herausgesucht. Die Taxis (hätte uns ja mit 5 Personen und Gepäck nichts genutzt) standen parat und nach und nach verstanden wir, was die Fahrer uns anboten. Für unser Gepäck und 50 Mark würde man uns über die „grüne Grenze" bis nach Passau bringen.
Wir lehnten ab und fanden bald darauf die richtige Buslinie. Nach einem Stück zu Fuß und unzählige Nachfragen fanden wir das richtige Haus. Wir hatten ein Zimmer zur Verfügung. An den Wänden entlang standen drei Betten, in der Mitte ein Tisch mit 3 Stühlen und einem Schlafsessel. Ein kleines Bad und eine kleine Kochnische konnten wir benutzen. Eine recht missmutige Wirtin hatte uns alles gezeigt und zack - weg war sie. Von Komfort war keine Rede, aber wir wollten ja sowieso viel erkunden und entdecken, da war es nur wichtig, dass wir abends ein Dach über dem Kopf hatten.
Am nächsten Tag im schönen Budapest sahen wir an den Zeitungsläden die riesigen Schlagzeilen der „BILD"-Zeitung (sorry, dies soll auf keinen Fall Werbung sein). Wir blieben stehen und lasen, soweit es bei einer gefalteten Zeitung möglich ist. Geld ausgeben wollten wir dafür eigentlich

nicht. Es wurde über die Prager Botschaft berichtet, über viele, die auch über Ungarn „rübergemacht" sind, die Bilder waren verwirrend. Bevor uns jemand die Zeitung aufschwatzen konnte, gingen wir weiter, aber die Bilder bleiben im Kopf.

Wir erkundeten diese wunderschöne, turbulente, bunte und aufregende Stadt zu Fuß, mit der U-Bahn und dem Bus und waren beeindruckt. So in etwa stellte ich mir den „Westen" vor. Und endlich bekam unsere Tochter eine große Rolle Smarties.

Die Tage vergingen und wir bestaunten alle Sehenswürdigkeiten, kauften für unser knappes Geld einige Mitbringsel für unsere Angehörigen zu Hause. Unsere Tochter verliebte sich in einen wunderschönen Pullover mit Streifen in allen Schattierungen von Pink. Mein Mann entdeckte Rollgurte in einem Fahrzeugausstatter. Die waren eigentlich für die Automarke „Lada", aber sie würden mit ein bisschen Aufwand auch in unseren „Wartburg 311" passen. Ein ordentlicher Teil unseres Budgets würde dafür drauf gehen, aber Rollgurte - wie toll war das denn. Wir überlegten kurz und dann kauften wir die tollen Dinger. In der DDR gab es diese leider nicht, damit haben wir hier tatsächlich auch nicht gerechnet. Wir freuten uns riesig.

An einem der Abende (wir machten uns meist ein bescheidenes Essen am Abend in der Unterkunft) hörten wir in den Nachrichten wieder Meldungen zur aktuellen Lage. Wir diskutierten, waren erstaunt und auch etwas verunsichert. Plötzlich sagte meine Mutti: „Wollt Ihr nicht hier bleiben und rüber gehen?" Wir schauten sie verblüfft an. „Wie meinst Du das denn?" „Nun ja, hier habt hier die einmalige Chance. Ihr seid jung, in Euren Berufen findet Ihr doch sicher schnell Arbeit und könntet ganz andere Wege einschlagen". Wir schauten sie an, als würde sie uns einen Bankraub vorschlagen. „Wir können doch nicht einfach abhauen! Wer weiß, wann wir Arbeit finden, wo wir wohnen können. Und wir könnten niemals mehr zu Besuch nach Hause kommen!" – tausende Gedanken gingen uns durch den Kopf. Mein Vati sagte erst nichts, strich sich nachdenklich über den Bart. „Vielleicht würde ich es wagen, wenn ich jung wäre". Ich sah, dass ihm diese Situation sehr zu schaffen machte.

Es war ein merkwürdiger Abend. Wir redeten über die vielen Für und Wider und dann stand fest, wir fliegen gemeinsam zurück. Wir verlebten noch schöne restliche Tage und dann ging es wieder zum Flughafen. Die Kontrollen waren entspannt. Aber unser Flug fiel aus. Auch der nächste. Es war schon später Nachmittag, als es endlich losging. Wir erfuhren, dass etliche der Mitreisenden nach Budapest wirklich nicht mehr zurückflogen. Sie waren auf dem Weg in die BRD. Daher waren die Flugzeuge nicht ausgelastet und aus drei geplanten Flügen wurde dann einer.
Zurück in Schönefeld warteten wieder Kontrollen. Unfreundliches Personal suchte nach unverzollten Dingen. Wir hatten nichts, was man nicht hätte einführen dürfen und waren langsam entnervt. Einige Mitreisende ließen sich zur Äußerung hinreißen: „Seid doch froh, dass wir wieder hier sind". Sie „durften" dann ihr komplettes Gepäck noch gründlicher inspizieren lassen.

Ein aufregender Urlaub in einer noch aufregenderen Zeit

ging zu Ende. Was in diesem Herbst noch alles passierte und im November seinen Höhepunkt fand, ist eine weitere Geschichte wert.

Carmen Sabernak, Juli 2024

Wiedervereinigung

Egal wie ich es dreh' und wende –
1989 kam das Ende.
Nach 40 Jahren DDR
gab es dieses Land nicht mehr.
Der Mauerfall war plötzlich da,
die Menschen riefen laut „Hurra".

Man strömte in die Stadt hinein,
jeder wollte Erster sein.
Der Schritt zur Freiheit war gebahnt,
wer hätte das vorher geahnt?
Die friedliche Revolution brachte die Wende,
die Trennung der Menschen nahm endlich ein Ende.

Bald folgte der nächste Schritt der Geschichte:
die Zeitungen brachten von der Einheit Berichte.
„Wir sind das Volk" – war nun endlich klar.
Die Wiedervereinigung machte ihren Traum wahr!

Viele Schritte musste man gehen,
um in die Zukunft gemeinsam zu sehen.
Ein musikalisches Denkmal wurde gesetzt,
in der „Ode an die Freude" das Wort Freude durch „Freiheit"
ersetzt.

Am 3. Oktober im Jahr '90 war es so weit:
die deutsche Einheit wurde Wirklichkeit!

Hannelore Wolf, Juli 2024

Mach mal bitte leiser ...

Verschlafen stupste ich meinen Mann an. „Mach mal bitte das Radio leiser. Das ist ja ein merkwürdiges Hörspiel. So früh? Komisch..."

Mein Mann drehte sich um und schaute auf den Radiowecker. Es war noch genug Schlummerzeit übrig, unsere Tochter schlief noch. Ich umarmte meinen Mann und wünschte ihm alles Gute zum Geburtstag. Wir flüsterten. Auf dem Flur hörte man nichts. Aber dieses Hörspiel sollte nicht so laut sein. „Hör mal hin, in der Geschichte geht es um offene Grenzen, wir sollten wirklich leiser machen". Wir hatten keinen DDR-Sender an. Wir hörten noch eine Weile zu. Laute Menschen, die da riefen: „Was für ein Tag, wir sind im Westen" und „die Grenzen sind offen" und noch viele aufgeregte Stimmen, die wohl suggerieren sollten, das die Grenzen zur BRD wirklich offen wären. Spannend. Leise genug, dass man auf dem Flur nichts von unserem Hörspiel hören konnte, hörten wir weiter zu. Unsere Tochter wurde langsam wach und wir schalteten den Radiowecker aus. Wir sangen für unser Geburtstagskind ein Lied und bereiteten uns gemütlich auf das Frühstück im Speiseraum vor. Dabei machten wir Pläne, wie wir den heutigen Tag begehen würden.

Wir hatten Urlaub. 14 Tage im November 1989. Ein FDGB-Ferienheim in Kühlungsborn an der Ostsee. Wir hatten viel Zeit, um am Strand zu wandern und Sehenswürdigkeiten in der Nähe zu besuchen. An diesem Tag planten wir nun, das Münster in Bad Doberan zu besuchen.

Als wir in den Speisesaal kamen, waren wir sehr verwundert. Waren wir zu früh? Oder zu spät? Nein, es war die richtige Zeit, aber was war passiert? War heute ein Abreisetag? Manche Urlauber hatten ja nur eine Woche Ferien. Egal, wir suchten uns einen schönen Tisch aus und wollten ganz in Ruhe frühstücken. Das Buffet war gut gefüllt und wir fanden leckere Sachen.

Die Kellnerin brachte uns Kaffee und Kakao für unsere Tochter und fragte: „Sind sie schon zurück?" „Wie zurück, woher denn?" fragten wir. „Na aus dem Westen. Sind doch alle schon drüben!" Wir sahen uns fassungslos an. Die Grenze ist offen? Dann war das gar kein Hörspiel, was wir früh gehört hatten? Wir mussten lachen und erzählten unserer netten Kellnerin, dass wir glaubten, wir hätten eine Geschichte im Radio gehört. Jetzt lachten wir gemeinsam, aber wie war denn das passiert? Wir hatten so viele Fragen.

Wir frühstückten noch in Ruhe weiter und gingen dann auf unser Zimmer. Nachdem wir nochmal unseren Radiowecker angeschaltet und die Nachrichten gehört hatten, nahmen wir drei uns in den Arm und – obwohl noch ungläubig – freuten wir uns, dass in einer Nacht so viel passiert war und es doch alles friedlich abgelaufen war. Und wir hatten alles verschlafen.

Nun begann die Planänderung. Wir fuhren wohl nach Bad Doberan, aber dort zur Stelle für Pass- und Meldewesen und wollten uns unseren Stempel abholen, um die Grenze passieren zu können. Unser Ziel war es, am nächsten Tag nach Lübeck zu fahren. Was für ein Wahnsinn. Lübeck - als Ziel zu nennen. Das war vorgestern doch unmöglich.

Vor der Stelle für Pass- und Meldewesen gab es eine endlose

Schlange. Aber das waren wir in der DDR ja gewohnt. Also einreihen und abwarten. Es dauerte ewig. Einer von uns beiden blieb in der Schlange und der andere beschäftigte sich draußen mit unserer Tochter. Gottseidank hatten wir ein Buch und etwas Spielzeug im Auto dabei und so konnten wir ihr die endlose Wartezeit ein bisschen vertreiben. Und dann – Stunden später hatten wir den Stempel in unserem Ausweis. Wir machten uns noch einen schönen restlichen Nachmittag und waren zum Abendbrot wieder im FDGB-Heim.

Am nächsten Tag wollten wir nach Lübeck fahren. Wir meldeten uns für das Mittagessen ab und gleich nach dem Frühstück fuhren wir los. Wir hatten ein paar Kekse dabei, eine Thermoskanne mit Tee, Spielzeug und Bücher für unsere Tochter und viel Abenteuerlust. Nochmal volltanken und dann ab nach Lübeck mit unserem Wartburg 311. Etwa 120 Kilometer, das sollte in ca. 2 Stunden zu schaffen sein.

Leider war das ein Irrglaube. Alle, aber auch alle wollten nach Lübeck. Die Straße hatte keinen Stau irgendwo – es war einfach nur Stau. Also wie immer, anstellen und abwarten.

Es ging immer stückweise voran, der Anlasser hatte richtig viel zu tun. Vor uns war ein Auto, in dem auch ein Mädchen mitfuhr. Wir Mütter stiegen zwischenzeitlich aus, liefen mit den Kindern voraus, spielten mit ihnen und verkürzten uns damit ein bisschen die Zeit. Diese Familie wollte zu ihrem Onkel Horst (lustig, dass man sich daran erinnert) und hatte eine Flasche Cognac für diesen Onkel im Gepäck. Irgendwann holte sie die Flasche hervor und wir Frauen stießen auf dieses verrückte Ereignis an.

Sie meinte nur: „Onkel Horst wird's verstehen, dann fehlt eben ein Schluck". Wir liefen weiter neben den Autos her und plauderten. Wenn es irgendwo an der Strecke einen Gasthof gab, dann machte der den Umsatz seines Lebens. Jeder wollte noch ein bisschen was zum Essen oder ein Getränk ergattern und am dringendsten zur Toilette.

Autos, die schon zurückfuhren hupten und riefen uns zu: „Aushalten, ist nicht mehr weit".

Die Stunden vergingen, zwischendurch machte jeder Mal ein Nickerchen, aber immer in Hab-Acht-Stellung, denn es konnte ja weitergehen. Und dann - es war schon dunkel, kamen wir am Grenzübergang Selmsdorf an. Wir hatten unsere Ausweise parat. Aber niemand wollte irgendetwas sehen.

Was für ein Wahnsinn sich dort abspielte, kann ich gar nicht beschreiben. Wie viele Menschen dort waren und die ankommenden Menschen begrüßten. Kein Film könnte diese Stimmung so wiedergeben. Unser Auto war ein kleines Highlight. „He, das ist ja gar kein Trabbi, was ist das denn" usw. und löste bei vielen Erstaunen aus. Durch die Ausstellfenster an den Rücksitzen wurden Schokoladen, Apfelsinen und Bananen für unsere Tochter hereingereicht. Ich trank mit fremden Menschen Sekt und trotz der langen Fahrt waren wir hellwach.

Es ging weiter in Richtung Lübeck und wir hörten im Autoradio, dass viele Lübecker sich bereiterklärt hatten, Übernachtungen für die Besucher anzubieten. Außerdem könne das Begrüßungsgeld (pro Person 100 DM) rund um die Uhr an einigen Stellen abzuholen. Wir hörten genau zu und suchten unseren Weg. Aber auch in Lübeck gab es ein großes Hallo, die Menschen auf der Straße schienen sich wirklich so zu freuen wie wir. Überschäumend. Ausgelassen. Laut. Überall

Freude. Es dauerte eine Weile, bis wir einen Parkplatz ergattert hatten.

Mitten in der Nacht stiefelten wir zum Rathaus. Wir hatten unser Ziel nach 16 Stunden endlich erreicht. Wären wir losgefahren, wenn wir das vermutet hätten? Wer weiß. Als erstes kamen wir an einer Bank vorbei, die das Begrüßungsgeld auszahlte. Wir hatten – dieses Mal ohne langes Warten – plötzlich 300 DM in der Tasche. Ich hielt sie noch fester im Arm als vorher noch.

Weiter führte uns der Weg zum Rathaus, dort hofften wir auf eine Übernachtungsmöglichkeit. Da war sie wieder – eine lange Warteschlange von müden, aber glücklichen Menschen. Wie gewohnt, wir stellten uns an. Mein Mann hatte unsere Tochter auf dem Arm, ihr war kalt und sie war schrecklich müde. Ein Stück weg von der Reihe der Wartenden sah ich ein großes Schild: ZIMMERVERMITTLUNG. Hmm, standen wir falsch? Unter dem Schild stand ein Mann mit Mantel. Ich beschloss, ihn zu fragen, ob er die Unterkünfte vermittelt und sprach ihn freundlich an. „Leider nein, da müssen Sie sich bitte dort anstellen". Na gut, ich verabschiedete mich und ging wieder zurück zu meinem Mann.

Einige Zeit später kam genau dieser Mann zu uns. „Ich könnte Ihnen eine Übernachtung auf unserem Dachboden anbieten. Sie sehen wirklich geschafft aus". Wir waren überrascht. Aber die Aussicht, eine Möglichkeit zum Ausruhen zu bekommen war sehr verlockend. Die Nacht im Auto zu verbringen war wenig einladend bei den kalten Temperaturen. Wir nahmen dankend an und holten noch ein paar Sachen aus dem Auto. Auf dem Weg zu unserem Nachtquartier stellten wir uns gegenseitig vor und erzählten von den verrückten Stunden seit dem Mauerfall. Plötzlich meinte er: „Sie haben hoffentlich keine Angst vor Hunden? Wir haben nämlich eine große Hündin, aber sie ist sehr lieb". Auch das noch. Ich sah uns schon dastehen, einem lauten Hundegebell ausgesetzt und dann ab auf den Dachboden mit Spinnen und sonstigem Getier. Ohjeh, was haben wir uns nur dabei gedacht. „Nein Angst haben wir nicht, Respekt aber schon", antwortete ich trotz mulmigem Gefühl.

Wieder etwas später: „Achso, nicht erschrecken, vor dem Haus stehen ein paar Grabsteine. Ich bin Steinmetz". Mir blieb die Spucke weg. Mein Gedankenkarussell drehte sich wie eine Windmühle bei Sturm: „Jetzt sind wir wirklich einem bösen Menschen auf den Leim gegangen und nicht mehr zu retten. Wie konnten wir nur so dämlich sein und in sein Auto steigen. Niemand weiß, wo wir sind. In den ganzen freudigen Wirren vermisst uns doch kein Mensch. Unsere Angehörigen denken ja, wir sind im Ferienheim. Was wird uns jetzt passieren?" Das wurde wirklich unheimlich.

Er sah ja nicht aus wie ein Verbrecher, nur – wie sieht ein Verbrecher aus? Kurze Zeit später waren wir auch schon da. Es stimmte. Neben dem hübschen Haus standen Grabsteine. Aber das Haus sah einladend aus. „Sah es auch bei Hänsel und Gretel" schoss es mir durch den Kopf. Mit einladender Geste, aber auch recht müde, bat er uns ins Haus. Es war wunderschön. Warm, die erste weihnachtliche Deko war zu sehen und die Hündin bellte überhaupt nicht. Sie schaute kurz auf, kam auf uns zu und ließ sich streicheln.

Unser Gastgeber bat uns ins Wohnzimmer und bot uns einen Cognac an, um auf diese denkwürdigen Tage anzustoßen.
Er bot uns an, ihn Andreas zu nennen, wir nannten unsere

Vornamen. Dann suchte er uns noch Zahnbürsten und Handtücher heraus (wir hatten ja nichts dabei, weil wir am gleichen Tag ja wieder zurück sein wollten). Er zeigte uns das Bad und dann den Boden. Die Klappe zum Boden verursachte einigen Krach, aber dann krabbelten wir die Leiter hinauf. Meine Güte, welch ein Glück. Es war kein kalter feuchter Bretterverschlag, wie er in meinem Kopf rumgeisterte.

Dieser Dachboden überspannte das ganze Haus, war mit Teppichboden ausgelegt. Unter dem einen Dachfenster lagen 2 dicke Matratzen, mit Laken bezogen. Kopfkissen und Decken waren auch vorhanden.

„Mein Sohn mag das hier oben, ein kleines Reich für ihn" erfuhren wir und entspannten uns ein bisschen. Die Leiter blieb unten. Wir stiegen noch einmal hinab, machten uns etwas frisch, putzten die Zähne und krabbelten wieder hinauf. Immer bei mir war meine Handtasche mit Papieren und „viel" Geld und einer Tafel Schokolade. Als wir alle drei auf den Matratzen lagen, durch das Dachfenster die Sterne sahen und noch über diesen verrückten Tag sprachen, merkten wir, dass wir ziemlich hungrig waren. Wir futterten die Schokolade auf und schliefen danach ziemlich schnell ein. Mit ungeputzten Zähnen!

Am nächsten Morgen, wir waren schon wach, wollten aber keinen Lärm machen, klapperte die Leiter zum Dachboden und ein Lockenkopf war als erstes zu erkennen. „Guten Morgen" sagte eine freundliche Stimme. „Ich hab gehört hier schläft ein kleines Mäuschen. Mögt Ihr drei frühstücken kommen? Es ist gleich fertig." Wir waren auch fertig, wollten nur schnell ins Bad und dann gingen wir hinunter.

Andreas und Ursel, unsere netten Gastgeber, waren schon

am Esstisch und wir setzten uns dazu. Kurz darauf kamen die Kinder die Treppe heruntergestürmt und wollten die Gäste „begutachten". Die Stimmung war gelöst, die Tochter (nur wenig älter als unsere) wollte sofort nach dem Frühstück mit ihr spielen. „Und heute schläfst Du bei mir, da musst Du nicht auf den Boden". Ohjeh, wir mussten doch heute wieder zurück.

Es war ein fröhliches Geplapper beim Frühstück. Es gab so viel echtes gegenseitiges Interesse, so dass keine peinlichen Pausen entstanden. Die Männer holten das Auto und damit gab es einen echten Hingucker vor dem Haus. Etliche Menschen blieben stehen und bestaunten das Auto, das war eben kein Trabbi. Das war unser alter Wartburg 311 - liebevoll „Willi" von uns genannt.

Nach dem Frühstück wollten wir eigentlich wieder zurückfahren, aber Ursel blickte aus dem Fenster. Die „Rückreisewelle" staute sich in Richtung DDR. „Ihr könnt doch gern noch hier bleiben, uns würde es freuen". „Aber", gab ich zu bedenken, „wir haben nichts dabei, keine Wechselsachen, keine Waschtasche..." Ursel blieb dabei: „Eure Sachen kommen heute in die Maschine und dann in den Trockner und ihr bekommt solange was von uns." Einwände waren zwecklos. Sie nahmen uns mit in die Altstadt und nahmen ihre eigenen Verabredungen wahr. Wir schlenderten herum, besahen uns den Markt, das Rathaus bei Tageslicht, und gingen sogar in ein Kaufhaus.

Meine Eltern wünschten sich immer so eine Folie für das Badfenster, die wollten wir gern kaufen. Das taten wir auch und unsere Tochter bekam eine Barby. Wir hatten das glücklichste Kind der Welt. Ich hätte gern noch längere Zeit im

Kaufhaus verweilt, aber die Farben, die Fülle, die vielen Menschen - mir wurde übel und wir verließen mit unseren Schätzen das überbunte Getümmel. Auf einer Bank entdeckten wir unsere nette Kellnerin aus dem Ferienheim. Wir baten sie, uns zu entschuldigen und noch für den kommenden Tag abzumelden. Sie lachte sich schlapp, „Sie müssen sich nicht abmelden. Alle sind hier und Sie müssen nur zum Ende da sein und Ihr Zimmer räumen".

Mit offenem Mund vor Erstaunen schauten wir unserer, fröhlich winkenden, Kellnerin hinterher, die inzwischen weiterging. Wir schlenderten weiter über den Markt, kamen mit etlichen Menschen von „hüben und drüben" ins Plaudern und so verflog die Zeit. Unsere netten Gastgeber machten uns noch mit einigen Freunden bekannt und dann fuhren wir wieder zu ihnen. Es war eine so freundliche „Rundumversorgung", einfach unglaublich.

Unsere Tochter verschwand mit ihrer neuen Freundin Maike im Kinderzimmer und sie spielten mit ihren Barby-Puppen und hatten jede Menge Spaß. Auch der ältere Bruder spielte mit den beiden Mädchen. Und natürlich übernachteten die beiden im Mädchenzimmer. Irgendwann fragte ich unseren Gastgeber Andreas dann doch, warum wir bei ihnen übernachten konnten, obwohl er ja eigentlich nur dem Treiben zusehen wollte. „Ach, ich war bei einer Versammlung und wollte nicht gleich nach Hause.

Die Tatsache, dass ich direkt unter dem Schild stand, ließ mich schmunzeln, als ich nach deiner Frage hinauf sah. Und dann hab ich das kleine Kind bei Euch gesehen in ihrem hellblauen Mäntelchen, schlafend auf Papas Arm. Ihr habt so freundlich miteinander gesprochen. Das hat mich angerührt." Wir waren baff, was für ein Glück wir hatten. Ich erzählte ihm von meinen Befürchtungen auf dem Weg zum Haus und wir konnten alle herzlich darüber lachen.

Erst am Montag, nach einem ausgiebigen Frühstück traten wir die Rückreise an, die viel schneller voranging. Viele „Besucher" mussten ja wieder arbeiten. In unserem Reisegepäck befanden sich u.a. eine zweite Barby, eine Jeansjacke und eine Jeans von Maike und jede Menge wunderbare Erinnerungen an aufregende Tage. Auch für uns lagen einige Sachen bereit und im Willi lagen jede Menge Obst und Schokolade, auch die eine oder andere Postkarte. Wir verabschiedeten uns herzlich und vereinbarten einen Besuch bei uns in Potsdam.

Unsere restlichen Urlaubstage verbrachten wir wieder in Kühlungsborn, tauschten mit anderen Gästen die Erlebnisse aus und fuhren schließlich wieder heim. Auch hier gab es viel zu erzählen, denn unsere Familie hatte sich aufgemacht und Westberlin besucht. Es war ein fröhlicher Austausch über die vergangenen Tage.

Und - wir haben uns wirklich noch einige Male gegenseitig besucht und uns gefreut, dass „unsere" Lübecker auch interessiert an den Menschen in unserem ehemaligen Land waren.

Carmen Sabernak, August 2024

Die Autoren:

Eva-Maria Kluck (Jahrgang 1935)
Geboren in Berlin, von 1936 bis 1997 in Kleinmachnow gelebt, danach in Stahnsdorf.

Berufe: Maßschneiderin und Wirtschaftskauffrau Sie war als Angestellte im Rat der Gemeinde Kleinmachnow, in der Landwirtschaftsbank in Potsdam und von 1975 bis 2000 im Gesundheitswesen (Geschäftsleitung, ab 1997 Leiterin des Seniorenbüros AVUS) in Teltow tätig.

Hobbys: Aus dem Leben schreiben: Anekdoten, bissige Leserbriefe, Glossen und Familiengeschichte, ehrenamtliche Tätigkeit in Selbsthilfegruppen.

Margrit Prauß (Jahrgang 1947)
ist in Sachsen geboren und aufgewachsen.

Beruf: Krankenschwester, Ausbildung med. Fachschule Hubertusburg Wermsdorf.
Seit 1969 wohnt sie in Teltow, hat 2 Töchter und 4 zauberhafte Enkelkinder. Sie liebte immer schon „Deutsch" in der Schule, schrieb gerne Aufsätze, später Briefe. Gedanken, Erinnerungen und Erfahrungen aus ihrem Leben zu formulieren macht ihr viel Freude und sie gibt diese gern weiter.

Jessica (Jahrgang 1998)
Jessica – Enkelin von Margrit
1998 geboren und aufgewachsen in Teltow.
Hat als Kind gerne kleine Bücher aus Papier gebastelt und Geschichten geschrieben.

Nach dem Abitur ein Jahr als Au Pair in Kanada, danach 2 Jahre Jura-Studium in Berlin. Seit 2021 studiert sie in Freiburg (Breisgau) Lehramt, Deutsch, Englisch und Politik.

Hannelore Wolf (Jahrgang 1944)

geboren in Westpreußen, nach der Flucht aus Danzig in Mecklenburg aufgewachsen, Ausbildung zur Kindergärtnerin im Schweriner Schloß. Umzug 1963 nach Leipzig, Heirat und Umzug 1967 nach Teltow.

Tätig als Kindergärtnerin, Wechsel in die GRW-Bibliothek, nach der Wende als Sachbearbeiterin im Sozialamt Teltow, seit 2009 Rentnerin.
Sie ist verheiratet, hat 3 Kinder und 4 Enkelkinder.

Hobbys: Singen im Chor, Mitglied einer Sportgruppe, Reisen und Tanzen, Verfassen von Versen zu bestimmten Anlässen sowie spontanes Schreiben kleiner Gedichte!

Evelyn Barucker (1949 in Potsdam geboren)

Sie lebt seit 1953 in Kleinmachnow und seit 1971 in Teltow. Sie vermisst die ungeschriebenen Geschichten ihrer Eltern und Großeltern und möchte deshalb einige Erlebnisse für ihre Kinder und Enkelkinder erhalten.

Ellen Wutschik (Jahrgang 1964)

Geboren in Potsdam-Babelsberg

Christiane Eisold (Jahrgang 1953)

Sie ist in Mecklenburg-Vorpommern geboren und aufgewachsen. Sie hat in Dresden studiert, war viele Jahre in der Forschung und ebenso viele Jahre in der Forschungsorganisation tätig. Seit 1976 wohnt sie in Teltow. Christiane Eisold ist verheiratet und hat zwei erwachsene

Kinder und drei Enkelkinder.

Schon in der Schulzeit liebte sie das Fach Deutsch, schrieb gern Aufsätze und bis heute liebt sie Kurzgeschichten.

Mit Eintritt in den Ruhestand denkt sie stärker über die Familiengeschichte nach und findet Begebenheiten, die es wert sind, nicht vergessen zu werden.

Hanne Pluns (Jahrgang 1943)
Geboren in Wriezen / Oderbruch
Mit 10 Jahren aus der DDR mir ihren Eltern geflohen
2 Jahre Aufenthalt in Flüchtlingslagern
Abitur in Hildesheim
Sozialarbeit in Hannover studiert, dort ihren Mann kennengelernt
25 Jahre Leiterin einer Eingangsstufe in einer Grund- Sonderschule in Berlin
Ausbildung zur Gestaltpädagogin an der TU Berlin
Nach der Wende in ihre Heimat zurückgekehrt, dort als freischaffende Künstlerin gelebt
2018 mit ihrem Mann nach Teltow gezogen; hat 2 erwachsene Söhne und 3 Enkel/innen

Interessen: Kreatives Arbeiten, liebt Kontakt mit anderen Menschen, ist immer auf der Suche nach neuen Anregungen.

Frank Köppe (Jahrgang 1964)
Aufgewachsen ist er in Berlin.
Seit 10 Jahren ist er in einer WG für Menschen mit dementiellen Erkrankungen tätig und hat keinen Tag bereut, sich in dieses neue Berufsfeld zu wagen.
Hobbies: Modellbau und Garten
Er lebt mit seiner Familie in Potsdam.

Liane Zimmermann (Jahrgang 1958)
wurde im wunderschönen Flämingstädtchen Belzig geboren.
Sie verlebte bis zum 5. Lebensjahr eine glückliche und kon-
taktfreudige Kindheit in der damaligen Kreisstadt, danach
lebte sie in Potsdam. Ihre Kindheit und Jugend waren durch
gemeinsame Erlebnisse und eine facettenreiche musikali-
sche Ausbildung geprägt.

Sie absolvierte ein Fachschulstudium zur Krippenerzieherin,
heiratete und bekam 2 liebenswerte Kinder. Im September,
nach der Elternzeit, erfolgte eine unfreiwillige Arbeitslosig-
keit. Diese nutze sie für eine berufliche Neuorientierung.
Nach einigen Jahren Klavier-, Gitarren und Blockflötenun-
terricht mit Freunden ihrer Kinder in der eigenen Wohnung,
eröffnete sie von 1998 – 2008 ihre eigene private Musikstu-
be im Holländischen Viertel in Potsdam. Es wurde ihre Be-
rufung, die sie bis heute gemeinsam mit ihrer Schwester im
eigenen Anbau des Wohnhauses in Werder ausleben kann.
Das nächste Vorhaben ist es, ein Buch über ihr eigenes Le-
ben in Ost und West zu schreiben.

Carmen Sabernak (Jahrgang 1958)
Die „Geschichtensammlerin" – Schreibt am liebsten
mit Blick auf das Meer oder auf ihrer Rosenbank
im Familiengarten.

Bisher erschienen

Aus der Reihe „Perlen unserer Erinnerung" sind bereits (im BoD Verlag zum Preis von 5,00 Euro) erschienen:

2013 „Hannas Weihnachtsengel" - ISBN: 9783732280414
„Begegnungen im Leben" - ISBN: 9783732280889

2015 „Verlust und Wiederfinden" - ISBN: 9783734745812
„Elli" - ISBN: 9783734769276
„Mein Berlin - Mitten mang und Dichte bei" - ISBN: 9783738613599
„Am Wege blüht Vergissmeinnicht" - ISBN: 9783738629262
„Singen und Wandern - das ist unser Leben" ISBN: 9783738659931

2016 „Jahreswende - von Anfang bis Ende" - ISBN: 9783741276798

2017 „Sehnsucht, Glück und Bäume" - ISBN: 9783848257195

2018 „Täuscht der schöne Schein?" - ISBN: 9783748111948
„Winterperlen" - ISBN: 9783748101093

2019 „Sommer-Zeit-Reise" - ISBN: 9783748146964
„Geflüster bei Kerzenschein" - ISBN: 9783750401877

2020 „Meine Heimat Kleinmachnow" - ISBN: 9783751930772
„Meine - Deine - unsere Schulzeit" - ISBN: 9783751950497
„Durch das Jahr" - ISBN: 9783752672176
„Winterzeit" - ISBN: 9783752672169
„Mystische Geschichten" - ISBN: 9783752672190

2021   „Liebesbriefe" - ISBN: 9783755741084

„Alte Schätze" - ISBN: 9783755741275

„Gesammlte Perlen 2021" - ISBN: 9783755741244

„Wege" - ISBN: 9783756833474

2022   „Federn, Flossen, weiches Fell" - ISBN: 9783756859818

"Missgeschicke" - ISBN: 9783756888672

2023   „Modisches Allerei" - ISBN: 9783757806903

„Alltagshelfer" - ISBN: 9783756862726

"10-jähriges Perlen-Jubiläum" - ISBN: 9783757891718

„Familiengeschichten" - ISBN: 9783758314872

„Jahresperlen" - ISBN: 9783758314476